Ingrid Pabst • Konny Riedl

Das große Weihnachtsbuch
für die ganze Familie

Schwager & Steinlein

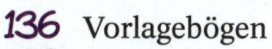 = Einleitung    = Basteln   = Backen

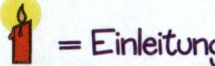 = Singen   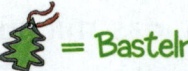 = Lesen   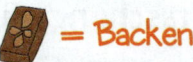 = Spielen

Vorwort

Wir haben dieses Buch für die ganze Adventszeit gedacht: Vier Wochen voller Ideen für Singen, Spielen, Basteln und Backen, jede Woche begleitet von einem anderen Daumenkino. Dazu kommen viele Geschichten, Gedichte und Gebete, um die ganze Familie auf Weihnachten einzustimmen und vielleicht ein wenig Besinnlichkeit in die aufregende Zeit zu bringen. In jeder Adventswoche gibt es eine Idee, die etwas zeitaufwändiger ist. Sie kann zum Beispiel am Sonntag umgesetzt werden. Bei fast allen Bastelideen können die meisten Schritte von Kindern gemacht werden, nur hier und da, wo mit Nadel und Faden oder Messern und Scheren gearbeitet wird, wird die hilfreiche Hand eines Erwachsenen gebraucht. In den Materialangaben auf jeder Seite sind die Dinge nicht enthalten, die normalerweise in jedem Haushalt zu finden sind. Das sind: Herd mit Backofen, Backblech, Töpfe, Schüsseln, Kochlöffel, Backpinsel, Bügeleisen, Zeitungspapier, Lappen, Gläser, Nagelfeile, Schere, Lineal, Bleistift.

Die erste Adventswoche

Jetzt beginnt die Weihnachtszeit.
Festliche Kerzengestecke schmücken
den vorweihnachtlichen Tisch, der Duft von
köstlichen Bratäpfeln zieht durch das ganze Haus.
Die Karten für die Weihnachtsgrüße werden am
besten jetzt schon vorbereitet, und das Tannengrün
in Vasen oder der Adventskranz können mit
selbst gebastelten Anhängern geschmückt werden.
Natürlich darf in dieser Woche der Nikolaus
nicht fehlen: Da gibt es einen Hampel-Nikolaus
mit Überraschungssäckchen, das mit süßen
Leckereien gefüllt wird, und einen zum
Backen, der vielleicht gleich aufgegessen
werden kann? Zum Mitsingen gibt es
viele Lieder, ganz auf die Nikolauszeit
abgestimmt. Fröhliche Spiele und
Geschichten runden diese
erste Woche ab.

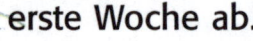

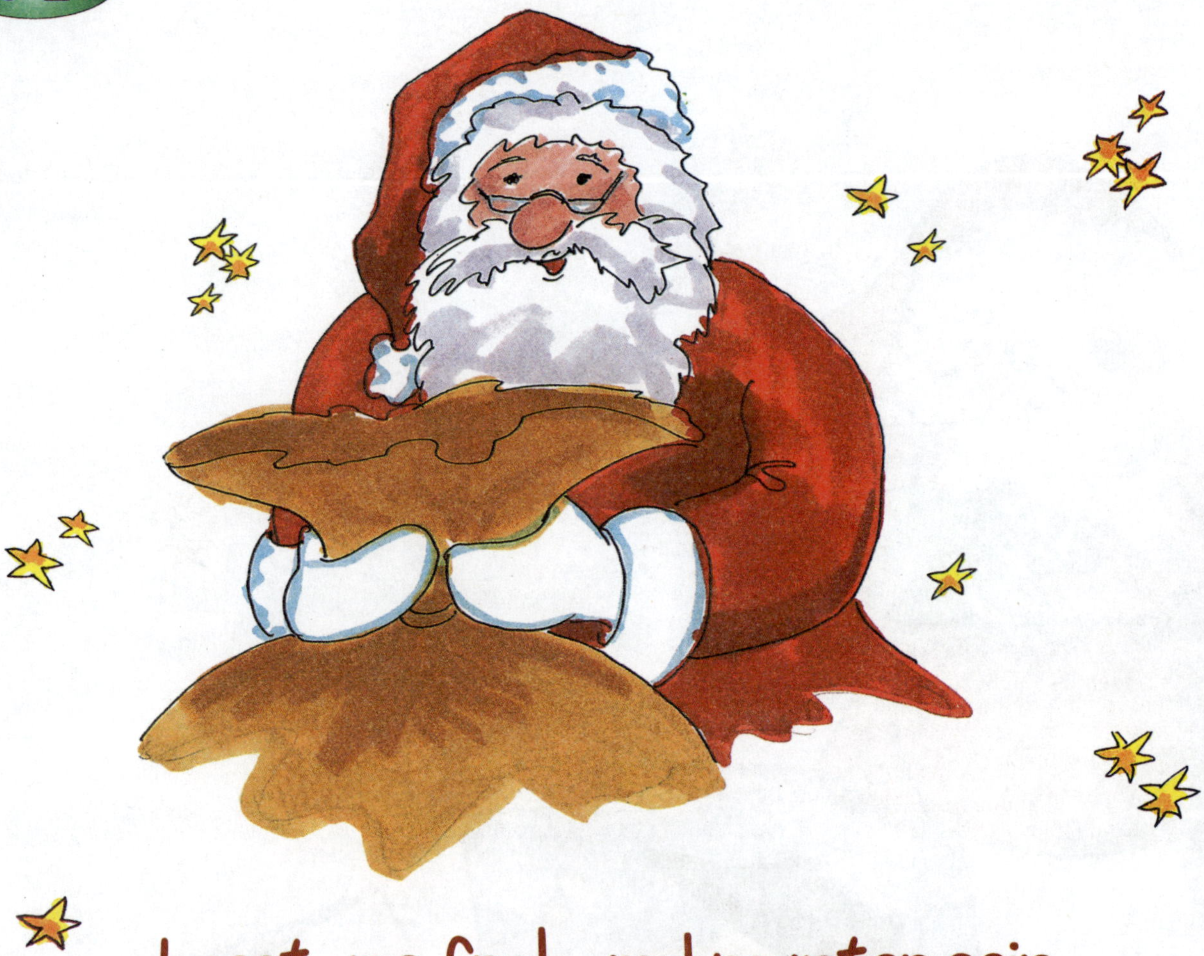

Lasst uns froh und munter sein

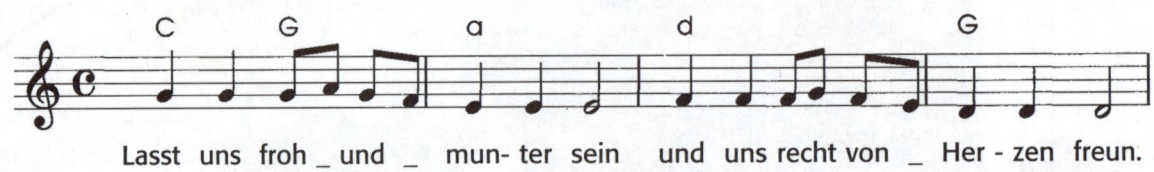

Lasst uns froh _ und _ mun- ter sein   und uns recht von _ Her- zen freun.

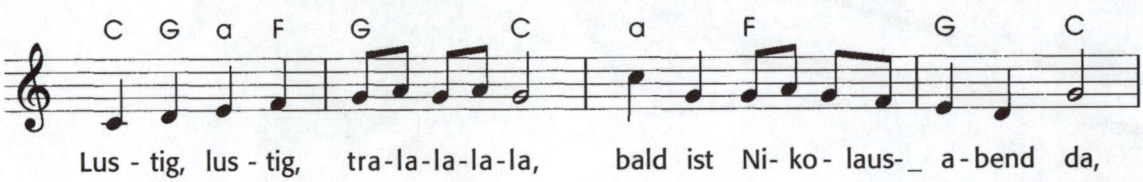

Lus- tig, lus- tig, tra-la-la-la-la,   bald ist Ni- ko- laus-_ a-bend da,

Bald   ist   Ni - ko - laus -_   a - bend   da.

2 Bald ist unsere Schule aus,
dann ziehn wir vergnügt nach Haus. Lustig, lustig …

3 Dann stell ich den Teller auf,
Niklaus legt gewiss was drauf. Lustig, lustig …

4 Wenn ich schlaf, dann träume ich:
Jetzt bringt Niklaus was für mich. Lustig, lustig …

5 Wenn ich aufgestanden bin,
lauf ich schnell zum Teller hin. Lustig, lustig …

6 Niklaus ist ein braver Mann,
den man nicht genug danken kann. Lustig, lustig …

Lustige Spiele

Weil Weihnachten nicht nur ein besinnliches Fest ist,
hier einige Ideen für Bewegungsspiele.

Scharade mit Tieren

Der Spielleiter flüstert zu Beginn jeder Runde einem Kind einen Tiernamen zu. Jetzt muss das Kind irgendetwas spielen, das dieses Tier kennzeichnet. Dabei kann es schreien, wie dieses Tier es tut, oder auf allen Vieren gehen oder es beschreiben, ohne den Namen zu nennen. Die anderen müssen das Tier erraten. Ist das Rätsel gelöst, ist das nächste Kind an der Reihe.

Tanzspiel

Alle Kinder stehen im Kreis und halten sich an den Händen.
Bei **Lasst uns froh und munter sein** – gehen alle rechts herum im Kreis.
und uns in dem Herzen freun – gehen alle links herum im Kreis.
Lustig, lustig, – alle gehen in die Mitte
tralalalala – alle gehen wieder nach außen.
bald ist Nikolausabend da – wieder rechts herum.
bald ist Nikolausabend da – wieder links herum.
Bei den anderen Strophen entsprechend.

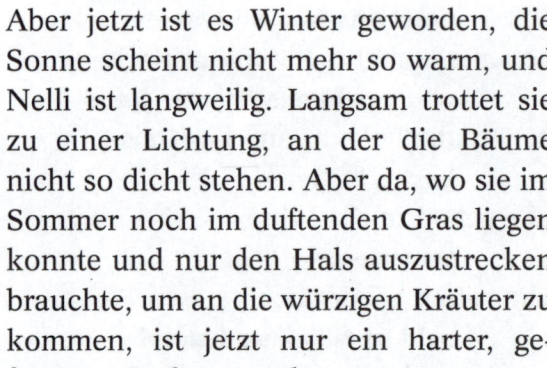

Nelli und das Weihnachtswunder

ie kleine Nelli lebt im Wald. Nelli ist ein kleines Reh. Wenn es schön ist und die Sonne scheint, tollt sie den ganzen Tag mit ihren Freunden durch den Wald.

Aber jetzt ist es Winter geworden, die Sonne scheint nicht mehr so warm, und Nelli ist langweilig. Langsam trottet sie zu einer Lichtung, an der die Bäume nicht so dicht stehen. Aber da, wo sie im Sommer noch im duftenden Gras liegen konnte und nur den Hals auszustrecken brauchte, um an die würzigen Kräuter zu kommen, ist jetzt nur ein harter, gefrorener Boden zu sehen.

Vorsichtig versucht sie, einen Halm aus dem Boden zu rupfen, aber er schmeckt ihr gar nicht. Dann überlegt sie, was sie heute wohl tun könnte.

„Ich laufe einfach mal los, vielleicht finde ich ja einen von meinen Freunden", denkt sie sich. Und schon rennt sie los, mitten in den Wald hinein. Je weiter sie kommt, desto dichter wird der Wald. Aber sie weiß, dass am Rande des Waldes Menschen in kleinen Häusern wohnen. Die machen immer so lustige Sachen, da will Nelli zugucken.

Hinter einem Baum sieht sie plötzlich etwas Weißes. „Hoppel, bist du das?", fragt sie und guckt um den Baum herum. „Hallo Nelli! Das ist aber schön, dass du vorbeikommst", freut sich der Hase. „Wollen wir zusammen spielen?"

Nelli macht ein wichtiges Gesicht: „Ich kann jetzt nicht spielen, ich muss dringend nachsehen, was die Menschen am Waldrand heute tun."

„Soso", sagt Hoppel. „Meinst du, ich könnte da mitkommen?"

„Hm, tja, da muss ich mal überlegen", sagt Nelli und legt den Kopf schief, als würde sie nachdenken. Hoppel wundert sich. So war Nelli doch sonst nie?

Da lacht Nelli übermütig und ruft: „Na klar, komm mit!"

Schon saust sie los, dass Hoppel Mühe hat, ihr zu folgen.

Je näher sie den Häusern kommen, desto aufgeregter werden sie. Sie verstecken sich hinter ein paar Bäumen und Sträuchern und sehen zu.

Die Menschen bei den Häusern laufen eilig hin und her. Sie haben viele Pakete bei sich, die sie in die Häuser tragen. Alle Päckchen sehen unterschiedlich aus. Da gibt es kleine und große, längliche und dicke, runde, solche in blauem Papier, und andere in rotem, manche tragen große Schleifen, andere glitzern wieder.

„Merkwürdig", denkt Nelli, „das machen sie doch sonst nicht?"

Dann sieht sie etwas, das noch viel seltsamer ist. Manche der Menschen tragen einen kleinen Baum mit sich ins Haus.

„Siehst du das", zischt Hoppel leise und stupst Nelli an.

„Ja", flüstert Nelli. „Komisch, im Wald wachsen doch so viele Bäume. Was machen die denn mit den Bäumen im Haus?"

„Komm, das sehen wir uns näher an", schlägt Hoppel vor.

„Meinst du wirklich?", fragt Nelli zweifelnd.

„Meine Mutter sagt immer, ich soll nicht so nahe zu den Menschen gehen, da kann es gefährlich für mich sein."

„Ach, was soll denn schon passieren, sie sehen uns doch gar nicht", meint Hoppel. Vorsichtig schleichen sie sich ein wenig näher, bis es ihnen gelingt, von draußen in ein Fenster zu sehen.

Im Haus glitzert und funkelt es, und als sie genauer hinsehen, erkennen sie, dass da so ein kleiner Baum steht.

„Ooohhh", staunt Nelli.

Der kleine Baum im Zimmer ist über und über mit bunten Kugeln, Schleifen und Äpfeln verziert. Außerdem gibt es da noch vieles, was Nelli nicht kennt, das glitzert und funkelt. Nelli kann sich gar nicht satt sehen.

Auch Hoppel hat Augen und Ohren ganz weit aufgesperrt und guckt immer noch durch das Fenster. „Was ist das alles nur?", fragt er Nelli.

„Ich habe keine Ahnung", meint Nelli, „aber fest steht: Ich will auch so einen Baum haben. Dann kann ich ihn mir den ganzen Tag anschauen und muss keine Angst haben, dass mich jemand dabei entdeckt."

„Wie willst du denn das anstellen?", fragt Hoppel neugierig.

„Das weiß ich auch noch nicht", sagt Nelli. „Komm, gehen wir nach Hause."

Gemeinsam laufen sie nach Hause. Auf dem Weg dorthin unterhalten sie sich immer noch über den wunderschön geschmückten Baum, den sie gesehen haben.

„Mama, ich will auch so einen Baum", sagt Nelli zu ihrer Mutter, nachdem sie ihr alles erzählt hat. Die Mutter schüttelt ein bisschen den Kopf und sagt dann: „Aber das ist ein Weihnachtsbaum für Menschen, Nelli!"

„Hört mal alle her, meine lieben Freunde", ruft Nellis Mutter. „Wie ihr wisst, feiern die Menschen jetzt Weihnachten, und meine Nelli ist heute mal wieder etwas zu nahe zu ihren Häusern gelaufen. Dort hat sie durch ein Fenster einen Weihnachtsbaum gesehen, und jetzt will sie auch so einen."

„Aber das ist doch ein Weihnachtsbaum für Menschen", lässt sich da ein alter Dachs vernehmen.

„Ja, das ist doch nichts für uns", brummt ein Uhu und schüttelt den Kopf.

„Ich weiß, ich weiß", stimmt Nellis Mutter zu, „aber sie wünscht ihn sich doch so sehr. Hat denn keiner eine Idee, wie wir einen machen können?"

Eine kleine Maus, die gerade erst dazugekommen ist, macht sich ganz groß und sagt: „Das ist doch ganz einfach! Dass ihr mit euren großen Köpfen da nicht draufkommt?!"

S ei nicht so frech", schimpft da ein alter Hase, „sag uns lieber, was du für eine Idee hast."

„Ganz einfach", erklärt die Maus. „Wir suchen uns einen kleinen Tannenbaum auf der Lichtung aus, und den schmücken wir für Nelli." Die Tiere nicken, ja, das wäre eine gute Idee.

„Und mit was willst du den Tannenbaum schmücken, du neunmalkluger Schlauberger?", fragt der Uhu von seinem Ast herunter.

„Hm", sagt die Maus, und da fällt ihr nichts mehr ein.

„Ganz einfach: Von uns könntet ihr ein paar Bucheckern und Nüsse haben", schlagen die Eichhörnchen vor.

„Bitte, Mama, bitte, ich will bestimmt auch immer ganz brav sein", bettelt Nelli.

Da muss die Mutter lächeln. Wenn Nelli schon so etwas verspricht, muss es ihr wirklich ernst sein mit dem Wunsch nach einem Baum.

„Ich kann dir nichts versprechen", sagt sie zu Nelli, „aber ich werde mir etwas überlegen." Abends, als Nelli endlich im Bett ist und von ihrem Weihnachtsbaum träumt, geht sie in den Wald und ruft alle ihre Freunde zusammen. Auf einem großen Platz in der Mitte des Waldes treffen sie sich.

„Und wir bringen ein paar Möhren und Äpfel mit", sagen die Hasen.

Auf einmal sind alle Feuer und Flamme. „Ja, das machen wir!"

„Wollt ihr mir wirklich helfen?" fragt Nellis Mutter ganz gerührt.

„Sicher, komm, wir suchen schon einmal einen Baum aus. Und morgen früh treffen wir uns alle auf der Lichtung. Dass mir auch jeder etwas mitbringt!", sagt der Uhu, der sich ein bisschen als der König des Waldes fühlt.

Nellis Mutter und der Uhu suchen einen wunderschönen kleinen Tannenbaum für Nelli aus. Das ist gar nicht so einfach, denn es gibt viele Tannenbäume auf der Lichtung.

Morgens sind sie die ersten auf der Lichtung. Da kommen auch schon die Eichhörnchen. Sie bringen Nüsse, Bucheckern und Eicheln, die Hasen haben Möhrchen und rote Äpfel mitgebracht. Weil die Eichhörnchen am geschicktesten sind, verteilen sie die Sachen auf dem Tannenbaum. Die kleine Maus ist auch da und schleppt lange Gräser an, die sie an den Zweigen zu Schleifen bindet. Da fliegen die Vögel herbei. Sie schenken Nelli für ihren Baum ihre schönsten Federn und haben auch noch ein paar Kerne aus den Vogelhäusern mitgebracht, die sie einfach über den Baum verteilen. Am Abend ist er schließlich fertig. Herrlich geschmückt steht er auf der Lichtung. Zufrieden betrachten Nellis Mutter und die anderen Tiere ihr Werk.

„Da wird Nelli aber staunen", sagt Hoppel, als er den Baum sieht.

Auch Nelli, die viel zu neugierig war, um zu Hause auf ihre Mutter zu warten, kommt jetzt aus ihrem Versteck hervor.

„Der glitzert ja überhaupt nicht!", sagt sie ganz enttäuscht.

„Den Kindern kann man es aber auch nie recht machen!", schimpft der Uhu und fliegt noch einen Ast höher.

„Warte nur bis morgen, du wirst schon sehen", tröstet sie die Mutter.

Am nächsten Morgen ganz in der Frühe, noch bevor die Sonne aufgegangen ist, weckt sie Nelli. Gemeinsam gehen sie zu der Stelle, an der der geschmückte Tannenbaum steht. Über Nacht hat der Frost den Wald erreicht, und es ist sehr kalt. Überall sieht man den Reif auf den Bäumen. Der kleine Tannenbaum sieht aus wie am Abend zuvor. Ein wenig Reif liegt auch auf seinen Ästen, aber von Glitzern keine Spur. Nelli, die schon auf ein Wunder gehofft hat, ist enttäuscht. „Aber Mama, er sieht doch noch genauso aus wie gestern. Er funkelt und glitzert überhaupt nicht so wie der, den ich bei den Menschen gesehen habe."

Nellis Mutter nickt geduldig und bleibt vor dem Baum stehen. Da geht auf einmal die Sonne über dem Wald auf, und als die Sonnenstrahlen den kleinen Tannenbaum erreichen, fängt er auf einmal an zu glitzern und zu funkeln, dass Nelli die Augen zumachen muss, so hell ist es.

„Ohhh, das ist aber schön!", staunt sie und kann sich gar nicht satt sehen.

Die Mutter lächelt. „Siehst du, Nelli, du musst nur Geduld haben."

Vor lauter Freude fängt Nelli an zu tanzen, und bald kommen auch die anderen Tiere aus dem Wald. Als sie Nelli vor lauter Freude um den Baum springen sehen, da freuen sie sich auch, und gemeinsam tanzen sie einen Weihnachtstanz um ihren Weihnachtsbaum herum.

Weihnachts-Kerzenlichter

So kommen die Kerzen auf dem Weihnachtstisch erst richtig zur Geltung. Dabei ist jede Kerze ein eigenes Kunstwerk.

Material

- Walnüsse und Mandeln
- Acrylfarbe (gold und silber)
- Pinsel
- Pappe, Klebstoff
- Filz (rot und blau)
- kleiner Tannen- bzw. Mistelzweig (evtl. schon bemalt)
- Reißnägel
- rote bzw. blaue Kerzen

1 Die Walnüsse werden wie auf Seite 32 beschrieben geöffnet, damit die Schalenhälften ganz bleiben. Für jedes Gesteck werden fünf Hälften benötigt. Der Inhalt kann für Plätzchen (s. Seite 96/97) aufgehoben oder gleich gegessen werden.

2 Jetzt werden die Schalenhälften außen mit goldener oder silberner Acrylfarbe bemalt und zum Trocknen auf Zeitungspapier gelegt. Währenddessen kann man die runden Unterlagen vorbereiten.

3 Dazu schneidet man aus der Pappe Kreise mit einem Durchmesser von ca. 8 cm aus und beklebt diese mit Filzstücken von ca. 8 x 8 cm Größe. Danach schneidet man den Rand rundherum ab.

Tipp Wenn man ein Glas auf die Pappe stellt und den Rand mit einem Stift umfährt, entsteht ein perfekter Kreis.

4 Wenn die Farbe getrocknet ist, klebt man die Schalen rundherum auf die Unterlage. Dazwischen etwas Platz für die Zweige und in der Mitte für die Kerze lassen (s. Zeichnung rechts).

5 Jetzt klebt man vorsichtig kleine Teile des Tannenzweigs zwischen die Walnussschalen. Vielleicht muss man an der Klebestelle von der Unterseite des Zweigs ein paar Nadeln entfernen, damit der Zweig auch hält. In der Mitte den Platz für die Kerze nicht vergessen.

6 Zum Schluss sticht man mit einem Reißnagel von unten an der Stelle durch die Pappe, wo die Kerze stehen soll, und drückt die Kerze von oben darauf. Sollte der Sitz nicht fest genug sein, kann man den Kerzenfuß auch kurz über eine Flamme halten und danach auf den Reißnagel stellen und festdrücken.

▼ Benutzt man Walnussschalen, sollte die Kerze etwas größer als eine Baumkerze sein.

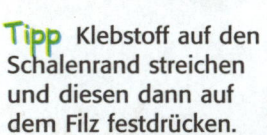

Tipp Klebstoff auf den Schalenrand streichen und diesen dann auf dem Filz festdrücken.

Winternachtskerze

1 Für die Winternachtskerze werden Mandelschalen silbern angemalt. Natürlich kann man auch goldene Acrylfarbe verwenden. Die Mistelzweige werden ebenfalls angemalt.

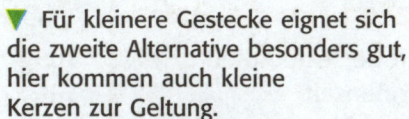

▼ Für kleinere Gestecke eignet sich die zweite Alternative besonders gut, hier kommen auch kleine Kerzen zur Geltung.

2 Wieder benötigt man einen Pappkreis, der diesmal mit blauem Filz beklebt wird. Die Mandeln werden rundherum aufgeklebt (s. Zeichnung rechts), danach die kleinen Mistelzweige.

3 Zum Schluss wird der Reißnagel von unten durchgesteckt und die Kerze darauf festgedrückt.

Winterköstlichkeiten

Lecker und gesund: Bratäpfel. Mit diesen duftenden Füllungen kann ihnen sicher niemand widerstehen.

Ob Sie sich für Füllung 1, 2 oder 3 entscheiden: Alle werden vor den Äpfeln zubereitet.

Vorbereitung der Äpfel

Zutaten für die Äpfel

- 4 große, feste Äpfel
- Zitronensaft
- Butter, Öl
- Aluminiumfolie
- evtl. Vanillesauce

1 Die Äpfel waschen und trocknen. Wer die Schale nicht mag, kann sie entfernen. In diesem Fall müssen die Äpfel mit Zitronensaft beträufelt werden, damit sie nicht braun werden.

2 Mit einem Apfelstecher das Kerngehäuse, den Stiel und den Blütenansatz großzügig herausschneiden. Die Äpfel mit der vorbereiteten Füllung füllen und jeweils ein kleines Butterflöckchen darauf setzen.

3 Aus Aluminiumfolie Quadrate ausschneiden, die so groß sind, dass jeweils ein Apfel darin eingeschlagen werden kann. Die Aluminiumstücke gut einölen. Die gefüllten Äpfel darauf setzen und die Aluminiumfolie locker über dem Apfel zusammenschlagen. Folie oben zusammendrücken und die kleinen Pakete auf ein Backblech setzen.

4 Das Blech in den vorgeheizten Ofen schieben. Bei 175 Grad etwa eine halbe Stunde schmoren lassen oder unter dem Grill etwa 10–15 Minuten grillen. Nicht wenden. Wenn sie gar sind, die Folie etwas öffnen und mit ein wenig Zucker bestreut servieren.

Rezept für Füllung 1

Zutaten Füllung 1

- 2 EL Sultaninen
- 2–3 EL geschälte oder geriebene Nüsse oder Mandeln
- 1 EL Zucker
- 1 EL Orangenmarmelade oder andere säuerliche Marmelade

1 Die Sultaninen mit kochendem Wasser in einem Schälchen überbrühen. Danach abgießen und abtropfen lassen.

2 Nüsse oder Mandeln, Zucker, Sultaninen und die Marmelade in einem Schüsselchen verrühren. Eventuell etwas heißes Wasser zugeben. Mit Zitronensaft abschmecken. Die Füllung sollte fest sein, aber nicht bröckeln.

Rezept für Füllung 2

Das Marzipan mit etwas heißem Wasser verrühren, die gehackten Nüsse oder Mandeln untermischen und mit Zitronensaft abschmecken.

Zutaten Füllung 2

- 3 EL Marzipan
- 2–3 geschälte, geriebene Nüsse oder Mandeln
- etwas Zitronensaft
- etwas heißes Wasser

Rezept für Füllung 3

Zutaten Füllung 3

- 4 EL klein geschnittene getrocknete Datteln (6–8 Stück)
- 2 EL Marzipan
- etwas Zitronensaft
- etwas heißes Wasser

1 Die Datteln entkernen und in kleine Stücke schneiden.

2 Das Marzipan mit etwas heißem Wasser verrühren, die klein geschnittenen Datteln untermischen und mit Zitronensaft abschmecken.

Die Äpfel vor dem Essen etwas abkühlen lassen! Wer mag, serviert Vanillesauce dazu. Guten Appetit!

Weihnachtsfest für Vögel

Auch die Tiere draußen und vor allem die Vögel
freuen sich, wenn man sie Weihnachten nicht vergisst.
Und dieses Geschenk ist wirklich ganz einfach zu machen.

Material

- kleiner, sauberer
  Blumentopf aus Ton
- Kokosfett
- Vogelfutter oder
  Sonnenblumenkerne
- Kordel
- Zweig oder Rundstab
  (ca. 25 cm lang)

1 Für den Vogelschmaus sucht man draußen nach einem
Zweig, der gerade durch das Loch im Boden des Blumen-
topfes passt, oder man nimmt ein passendes Rundholz.

2 Das Kokosfett wird in
einem kleinen Topf zum
Schmelzen gebracht. In
das geschmolzene Fett
streut man das Vogel-
futter oder die Sonnenblumenkerne. Das Ganze
gut umrühren. Danach zieht man den Topf vom
Herd und lässt die Masse etwas abkühlen.
Sie soll aber nicht fest werden.

3 Inzwischen wird der Blumentopf mit der Öffnung nach oben auf ein Glas oder eine Flasche mit großer Öffnung gestellt. Der Zweig oder das Rundholz werden fest hineingesteckt.

4 Mit einem Schöpflöffel oder direkt aus dem Topf wird jetzt etwas von der Fettmasse in den Blumentopf gegossen. Wenn das Fett erkaltet ist, ist das Loch verschlossen und man kann nach und nach die warme Restmasse hineingeben, bis der Blumentopf voll ist.

5 Damit die Fettmasse auch wirklich fest wird, sollte der abgekühlte Blumentopf anschließend noch in den Kühlschrank gelegt werden (etwa 4 Stunden).

6 Jetzt kann das „Vogelrestaurant" mit der Öffnung nach unten aufgehängt werden. Dazu knotet man die Kordel am Zweig unterhalb des Blumentopfbodens fest und bindet das andere Ende an einen Zweig im Baum oder an das Balkongeländer.

7 Schon bald kann man beobachten, wie die Meisen das Futter entdecken. Sie können auf dem Zweig landen und kommen leicht an die Kerne und das Fett heran. Die Meisen werden von nun an immer wiederkommen. Wenn der Topf leer gefressen ist, kann er jeder Zeit ganz einfach wieder aufgefüllt werden.

▲ Milchflaschen eignen sich besonders gut, weil sie eine große Öffnung haben.

◄ Das Fett und die Kerne in dieser Futterglocke brauchen die Vögel, weil sie im Winter nicht genug Nahrung finden.

Wenn Papa an Weihnachten arbeitet

Der Papa von Alexander ist Busfahrer. Jeden Tag fährt er den großen Bus durch die Straßen der Stadt. Natürlich müssen die Busse auch an Weihnachten fahren. Gerade dann möchten viele Menschen ihre Familien und Freunde besuchen und fahren mit dem Bus dorthin. Normalerweise muss Alexanders Vater an Weihnachten nicht arbeiten. Aber dieses Jahr ist ein Kollege von ihm krank geworden, und so muss er doch zum Dienst.

Es ist Heiligabend. Hinter allen Fenstern leuchten die Weihnachtsbäume mit ihren vielen Kerzen.

Nur bei Alexander zu Hause brennen die Kerzen noch nicht. Weil der Vater nicht

zu Hause ist, haben sie das Feiern auf den nächsten Tag verschoben.

„Mama, mir ist so langweilig", sagt der kleine Alexander. „Kommt denn Papa bald?"

„Nein, Alexander, heute muss Papa arbeiten", antwortet die Mutter. „Deshalb feiern wir ja auch morgen alle zusammen Weihnachten." Alexanders Schwester Beate erzählt, dass die Mutter ihrer Freundin Miriam auch an Weihnachten arbeiten muss. Miriams Mutter ist Ärztin, und weil auch an Weihnachten viele Menschen im Krankenhaus liegen, müssen die Ärzte und Krankenpfleger arbeiten. Gelangweilt guckt Alexander aus dem Fenster. Draußen

wird es schon langsam dunkel. Er denkt an seine Freunde, die jetzt alle zu Hause Weihnachten feiern und Geschenke auspacken können.

„Ich krieg meine Geschenke erst morgen", denkt er traurig. „Und der Papa? Dem ist doch bestimmt auch langweilig, so ganz allein ohne uns …"

Als Alexander noch ein Weilchen darüber nachdenkt, kommt ihm auf einmal eine Idee.

„Mama?", fragt er. „Können wir den Papa denn nicht besuchen?"

„Ach ja bitte, Mama!", ruft jetzt auch Beate. „Wir könnten ja ein paar Plätzchen mitnehmen und den Weihnachtspunsch und ein bisschen im Bus mitfahren", fügt sie hinzu. Die Mama guckt erst erstaunt, dann überlegt sie kurz und lächelt.

„Das ist eine gute Idee", sagt sie, „ich erkundige mich mal, auf welcher Linie Papa heute fährt."

In der Zentrale erfährt sie, dass ihr Mann heute die Strecke fährt, die ganz nah an ihrem Haus vorbeiführt.

Schnell packen sie ein paar Lebkuchen, eine Kanne mit heißem Punsch aus Tee und Saft, einen kleinen Tannenzweig mit einer Kerze und einer Kugel in eine Tasche. Dann ziehen sie ihre warmen Mäntel, die dicken Mützen und die Winterstiefel an und marschieren los.

Als Alexanders Vater mit dem Bus in die Straße einbiegt, wo er zu Hause ist, denkt er an seine Familie, die auf ihn wartet, weil sie ohne ihn nicht Weihnachten feiern will.

Dann fährt er die nächste Bushaltestelle an. Als er näher kommt und die Busscheinwerfer auf die kleine Gruppe fal-

len, die an der Haltestelle steht, kriegt er ganz große Augen. „Das gibt's doch gar nicht!", ruft er begeistert. Dann öffnet er die Türen und stürmt nach draußen.

„Wie kommt ihr denn hierher? Das ist ja eine tolle Überraschung!"

„Wir wollen dich besuchen und mit dir Weihnachten feiern, Papa", sagt Alexander und freut sich.

„Das ist aber eine gute Idee, steigt nur schnell ein, es ist kalt draußen!"

Drinnen sagt Beate: „Wir haben dir auch Plätzchen und Punsch mitgebracht und einen kleinen Zweig für deinen Bus. Damit du nicht vergisst, dass Weihnachten ist."

„Hm, mit dem Punsch müssen wir leider warten, bis wir an der Endhaltestelle sind", sagt der Vater, „aber wir sind ja gleich da." Alexander, Beate und die Mutter sind die einzigen Fahrgäste, die die zwei Stationen bis zur Endhaltestelle noch mitfahren. Dort hat der Vater eine kurze Pause. Sie schenken den Punsch in die mitgebrachten Tassen und legen die Lebkuchen auf rote Servietten. Der Tannenzweig mit Kugel und Kerze kommt in die Mitte, und so feiern sie ein kleines Weihnachtsfest.

„Fröhliche Weihnachten, Papa!", sagt Alexander noch, da müssen sie auch schon wieder alles einpacken. Die Pause ist vorbei, und Papa startet den Bus für eine neue Runde. Alexander, Beate und ihre Mutter fahren natürlich mit. Den kleinen Tannenzweig mit der Kugel haben sie im Bus aufgehängt. Damit es auch ein bisschen nach Weihnachten aussieht.

An der nächsten Station steigt ein Vater mit seiner kleinen Tochter ein.

„Miriam!", ruft Beate begeistert und läuft zu ihr. „Was machst du denn hier?"

„Meine Mama arbeitet doch heute, und wir wollen sie überraschen", sagt Miriam. „Wir haben uns auch schon etwas Tolles ausgedacht. Im Krankenhaus gibt es ein Wartezimmer für Leute, die plötzlich krank geworden sind. Dort setzen wir uns rein und warten, bis wir dran kommen. Und wenn ich dann drinnen bei meiner Mutter bin, dann sagen wir ihr erst, dass ich gar nicht krank bin, sondern sie nur besuchen will. Da freut sie sich bestimmt!"

Beate lacht, und auch ihre Mutter muss lachen.

„Auf was für Ideen die Kinder kommen", sagt sie zu Miriams Vater. Der zuckt nur mit den Schultern und meint: „Ich finde es schön, wenn die Kinder auch denen eine Freude machen wollen, die an Weihnachten arbeiten müssen."

Dann setzen sie sich alle zusammen, und während sie weiterfahren, erzählt Alexander, wie sie ihren Vater

überrascht haben. Da lacht auch Miriams Vater. „Er muss ja gestaunt haben, als er euch an der Bushaltestelle gesehen hat!" Gerade steigt eine ältere Frau in den Bus. Als sie den kleinen Tannenzweig mit der Kugel im Bus hängen sieht, sagt sie zu Alexanders Vater: „Na, da hat wohl jemand an Sie gedacht, Sie Armer."

Alexanders Vater nickt.

„Ich muss zwar heute arbeiten, aber meine Familie hat mich nicht vergessen! Sie haben mir Lebkuchen und Punsch und diesen kleinen Zweig mitgebracht!"

„Ja, ja, mein Mann muss auch heute arbeiten, und damit er nicht so allein ist, besuche ich ihn", sagt die Frau.

Setzen Sie sich doch zu meiner Familie, dann haben Sie ein wenig Unterhaltung", schlägt Alexanders Vater vor.

„Ja, gern", sagt die Frau und setzt sich neben Alexander. „Wie heißt du denn?"

„Alexander", sagt Alexander. Dann fragt er neugierig: „Was arbeitet denn ihr Mann? Ist er auch Busfahrer wie mein Vater?"

„Nein, er ist Nachtwächter. Er passt auf, dass keine Einbrecher in die Fabrik kommen", erzählt die Frau.

„Und was bringen Sie ihm mit?", fragt jetzt auch Beate.

„Einen heißen Tee und ein paar Plätzchen, die ich

selbst gebacken habe", antwortet die Frau. „Wollt ihr mal probieren?"

Alexanders Mutter sagt: „Danke, aber die sind doch für Ihren Mann?" Da schlägt Alexander vor: „Wir können ja tauschen: Lebkuchen gegen Plätzchen!"

„Das ist eine gute Idee", lacht die Frau. „Mein Mann isst so gerne Lebkuchen, und ich habe heute ganz vergessen, welche für ihn zu kaufen."

Also tauschen sie Plätzchen gegen Lebkuchen, und sogar Miriam und ihr Vater bekommen ein paar Plätzchen, bevor sie aussteigen.

Ein paar Stationen weiter fährt plötzlich ein Feuerwehrauto an ihnen vorbei.

Aufgeregt guckt Alexander hinaus. „Schau, die müssen an Weihnachten auch arbeiten. Der Papa von meinem Freund Robert ist bei der Feuerwehr. Der hat gesagt, an Weihnachten haben sie immer besonders viel zu tun. Viele Menschen sind nicht vorsichtig mit den Kerzen, und dann brennt der ganze Weihnachtsbaum, und dann muss die Feuerwehr zum Löschen kommen."

Dann fragt er seine Mutter: „Ob der Robert seinen Vater an Weihnachten auch besuchen kann, wenn er arbeitet?"

„Ich weiß nicht", antwortet die Mutter, „vielleicht ist das zu gefährlich."

„Hm", sagt Alexander, „ich muss ihn unbedingt mal fragen."

Wenig später steigt wieder eine Mutter mit zwei Kindern ein. Sie setzen sich zu Alexander und Beate.

Sie haben eine große Tasche dabei, aus der eine Thermoskanne guckt, und wenn man genauer hinsieht, glitzert auch ein Päckchen heraus.

„Wo fahrt ihr denn hin?", fragt Alexander. „Besucht ihr auch jemanden?"

Erstaunt guckt die Mutter herüber. Alexanders Mutter lächelt und sagt zu Alexander: „Sei nicht so neugierig!"

Aber Alexander lässt nicht locker. „Das ist nämlich mein Papa, der den Bus fährt, und wir haben ihn besucht, weil heute Weihnachten ist!", sagt er stolz.

„Das ist ja ein Zufall!", lacht die Mutter.

Der Junge ruft: „Wir sind auch gerade auf dem Weg, meinen Papa zu besuchen. Der ist bei der Polizei und muss heute auch arbeiten. Ich heiße Klaus und du?"

„Alexander", sagt Alexander. „Was macht denn dein Papa bei der Polizei?"

„Normalerweise Verbrecher jagen", erzählt Klaus, „aber heute ist er im Büro, und da können wir ihn besuchen."

„Habt ihr auch Lebkuchen dabei?", fragt Beate. „Klar, Lebkuchen und Plätzchen und sogar ein Geschenk für Papa", sagt Christine, die Schwester von Klaus.

„Da freut er sich aber bestimmt!", sagt Alexanders Mutter. Alexander ist begeistert. Alle, die an Weihnachten arbeiten müssen, bekommen Besuch und sind nicht allein.

Lebkuchen-Tannenbaum

Dieser Tannenbaum trägt Kerzen wie ein echter.
Ob als festlicher Nachtisch oder zum Adventskaffee –
er schmeckt bestimmt.

Zutaten

- 1 Zitrone, 400 g Zucker
- 5 EL Honig, 60 g Butter
- 1 Ei, 1 Prise Salz
- 1 Päck. Lebkuchengewürz
- 1 Päck. Backpulver
- 650 g Mehl
- Mehl für die Arbeitsfläche
- 2 EL Dosenmilch, Pinsel
- Backpapier
- Transparentpapier

Zum Verzieren:

- 250 g Puderzucker
- 1 Eiweiß
- Liebesperlen
- Schokolinsen
- 10–12 Puppenkerzen

1 Das Transparentpapier in der Mitte falten und die neun Sternhälften von der Vorlagenseite 138/139 einzeln abpausen. Dann ausschneiden und auseinanderklappen, so dass die ganzen Sterne zu sehen sind.

2 Den Zitronensaft auspressen und zusammen mit dem Zucker, dem Honig und der Butter in einem Topf erwärmen, bis alles flüssig ist.

3 Danach das Ei, das Salz und das Lebkuchengewürz unterrühren. Das Mehl mit dem Backpulver mischen und ebenfalls untermengen.

4 Den Teig auf die bemehlte Arbeitsfläche geben und so lange kneten, bis er geschmeidig ist. Dann 1 Stunde im Kühlschrank ruhen lassen.

5 Danach den Teig auf der wiederum bemehlten Arbeitsfläche etwa 7 cm dick ausrollen. Die Schablonen darauf legen und den Teig rundherum ausschneiden, so dass neun unterschiedlich große Sterne entstehen.

6 Die Teigsterne auf ein mit Backpapier ausgelegtes Backblech legen und mit der Dosenmilch bepinseln. Danach bei 175 Grad etwa 20 Minuten lang backen. Zum Auskühlen die Sterne auf ein Kuchengitter legen.

7 Zum Zusammenkleben der Teigsterne die 250 g Puderzucker mit dem Eiweiß verrühren. Jetzt wird der zweitgrößte Stern an der Unterseite mit dem Zuckerguss bestrichen und auf den größten Stern gelegt. So geht es weiter, bis alle Sterne der Größe nach aufeinanderkleben.

Mit der restlichen Puderzuckermasse können die Kerzen auf den Sternspitzen befestigt und die Liebesperlen und Schokolinsen aufgeklebt werden.

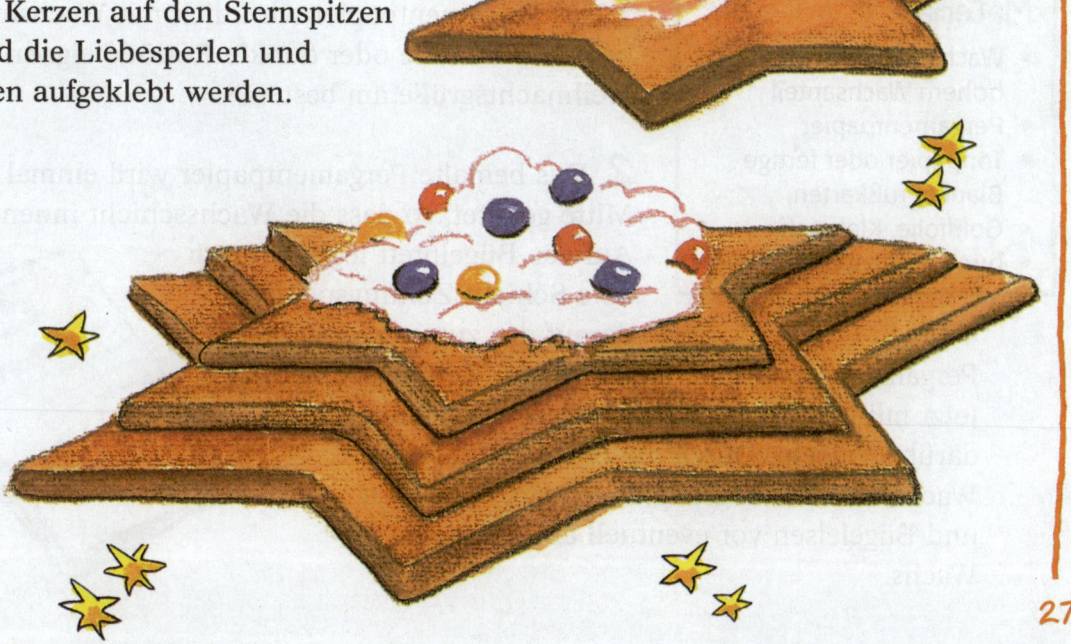

Zauberhafte Weihnachtskarten

Diese selbst gebastelten Weihnachtskarten
sind schon kleine Geschenke für sich.
Dabei sind sie ganz einfach nachzumachen.

1 Das Pergamentpapier wird dick mit Wachsmalkreiden bemalt. Blautöne oder dunkle Rottöne eignen sich für die Weihnachtsgrüße am besten.

2 Das bemalte Pergamentpapier wird einmal in der Mitte gefaltet, so dass die Wachsschicht innen liegt. Auf das Bügelbrett legt man nun eine Schicht Zeitungspapier, darauf das zusammengefaltete Pergamentpapier und darauf wieder Zeitungspapier. Jetzt mit dem Bügeleisen (mittlere Einstellung) kurz darüber bügeln. Durch die Hitze verläuft das Wachs, das Zeitungspapier schützt Bügelbrett und Bügeleisen vor eventuell auslaufendem Wachs.

3 Nach dem Bügeln das Pergamentblatt vorsichtig auseinander ziehen und trocknen lassen. Ist es sehr geknittert, kann man es unter einer Schicht Zeitung und mehreren schweren Büchern wieder glatt pressen.

4 Das Tonpapier wird in der gewünschten Größe ausgeschnitten und zur Hälfte gefaltet, so dass eine Klappkarte entsteht. Man kann jedoch auch Blankogrußkarten verwenden.

5 Aus dem Pergamentblatt schneidet man ein Stück in der Größe der Karte aus und klebt es darauf. Man kann auch rundherum einen Rand frei lassen, das sieht besonders dekorativ aus.

6 Jetzt kann man das Pergamentblatt mit goldenen Sternchen, die aus der Goldfolie ausgeschnitten, oder goldenen „Schneeflöckchen", die mit dem Locher aus der Goldfolie gestanzt werden, bekleben.

Eine leuchtende Weihnachtskarte

1 Wieder benötigt man eine Klappkarte. Mit einem Bleistift wird auf der Innenseite die gewählte Form aufgezeichnet.

2 Jetzt wird der Teil ausgeschnitten, der mit farbigem Transparentpapier hinterlegt werden soll.

3 Zum Schluss schneidet man ein Stück Transparentpapier aus, das groß genug ist, um die Ränder der ausgeschnittenen Form zu überdecken, und klebt es von innen dagegen.

Wichtig Alle stehen bleibenden Teile müssen über einen Steg mit dem Rest verbunden bleiben.

◄ Stellt man nach dem Trocknen eine Kerze zwischen die Klappkarte, leuchtet das Fenster in festlichem Licht.

Leckere Walnussanhänger

Wetten, dass diese Anhänger nicht lange am Weihnachtsbaum hängen?
Die Kinder wissen schnell, wie sie an die süße Füllung kommen.

Zutaten

Für zwanzig Anhänger:

- 10 ganze ungeschälte Walnüsse
- 20 TL Nugat (ca. 200 g)
- Nähgarn aus Baumwolle
- goldene Klebesternchen
- evtl. Klebstoff

1 Die Walnüsse werden, wie auf Seite 32/33 beschrieben, geöffnet. Dann werden die Schalen von den Nüssen und den Häutchen befreit. Die Nüsse können zum Backen verwendet werden (s. Rezept auf Seite 96/97).

2 Das Nugat wird im Wasserbad geschmolzen. Dazu kann man einen Wasserbadtopf verwenden, oder man stellt einen kleineren Topf in einen größeren, in dem Wasser bis zum Siedepunkt erhitzt wird.

3 Das Nähgarn wird in 40 cm lange Stücke geschnitten. Beide Enden eines Stückes werden in eine leere Nussschale gelegt. Dann wird die Schale mit Nugat aufgefüllt. Nach dem Auskühlen und Festwerden kann der Anhänger aufgehängt werden. Wer möchte, kann sich einen solchen Anhänger vom Baum pflücken und auslutschen.
Wetten, dass sie nicht lange hängen?

4 Alternative: Die Walnüsse können auch zu einem Viertel klein gehackt und unter das flüssige Nugat gemischt werden, bevor man dieses in die Walnusshälften füllt.

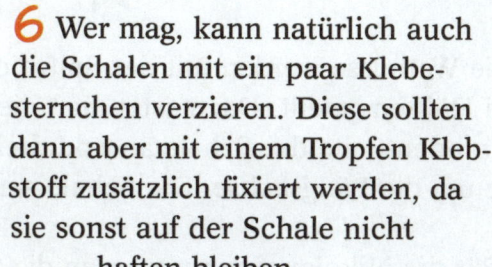

5 Doch schöner sehen die Anhänger aus, wenn sie mit goldenen Sternen verziert werden: Dazu benötigt man einen zweiten Faden, dessen Ende am besten auch vor dem Einfüllen in die Walnussschale gelegt wird. Ist das Nugat fest geworden, kann der Faden verziert werden. Dazu werden goldene Klebesternchen so gegeneinander geklebt, dass der Faden jeweils dazwischen liegt.
Hängt man den Anhänger jetzt auf, trägt er einen Sternenschweif.

6 Wer mag, kann natürlich auch die Schalen mit ein paar Klebesternchen verzieren. Diese sollten dann aber mit einem Tropfen Klebstoff zusätzlich fixiert werden, da sie sonst auf der Schale nicht haften bleiben.

▶ Man kann auch ganze Ketten dieser Walnussanhänger machen und sie über die Zweige des Tannenbaums legen.

Engelchen und Nikolaus

Mit diesen Bastelideen für den Weihnachtsbaum geht die Zeit des Wartens ganz schnell vorbei.

Material

- weißes Tonpapier
- Filz- oder Buntstifte
- silberne, blaue und rote Acrylfarbe
- Walnüsse
- Goldfolie
- Watte, Klebstoff

1 Die Walnüsse werden mit der Spitze einer Nagelfeile in zwei Hälften geteilt. Dazu setzt man die Feilenspitze an der runden Seite der Schale an und dreht die Nagelfeile kurz um die Längsachse. Die Schale springt auf.

2 Für die Nikolausfiguren werden die Schalenhälften rot bemalt. Zu den Engeln passen blaue oder silberfarbene Nusshälften besser. Für jede Figur benötigt man zwei Walnusshälften. Während die Farbe trocknet, können die Figuren ausgeschnitten werden.

3 Dazu paust man von der Vorlagenseite 136/137 die Vorlage für den Nikolaus und für den Engel je einmal ab. Die Muster auf das Tonpapier legen und ausschneiden. Das Gesicht beider Figuren wird mit Filz- oder Buntstiften bemalt.

4 Der Nikolaus bekommt noch rote Stiefelchen, rote Arme und Beine und eine rote Mütze. Die Arme des Engelchens werden mit Acrylfarbe aufgemalt (s. unten).

5 Anschließend klebt man auf jede Seite der Tonpapierfigur eine Walnusshälfte in der passenden Farbe an die vorgesehene Stelle.

6 Beide Figuren bekommen jetzt Haare aus Watte, der Nikolaus braucht natürlich noch einen Bart. Auch die Stiefelansätze können mit etwas Watte beklebt werden. Das geht am einfachsten, wenn man kleine Wattestückchen erst zwischen den Fingern etwas hin- und herrollt und dann festklebt. Die Engelsflügel werden aus Goldfolie ausgeschnitten und aufgeklebt.

7 Zum Aufhängen zieht man mit Hilfe einer Nadel einen Faden oder eine Goldkordel durch den oberen Rand des Kopfes und befestigt diese mit einem Knoten.

Tipp Den Klebstoff immer auf das Papier geben und die Watte darauf festdrücken – nicht umgekehrt!

Wer es noch himmlischer mag, kann die Flügel zusätzlich noch mit einer feinen Watteschicht versehen. Dazu bestreicht man die Flügelflächen dünn mit Klebstoff und streicht kurz mit einem Wattebausch darüber.

Weihnachtsmann

**Wenn dieser Weihnachtsmann nicht viel zu schön zum Essen wäre,
würde man am liebsten hineinbeißen.**

Zutaten für den Teig

- 125 g Butter
- 500 g Mehl
- 80 g Zucker
- 1 Päck. Vanillinzucker
- 1 Würfel frische Hefe
- 250 ml lauwarme Milch
- 4 Eigelb, 1 Prise Salz
- abger. Schale von 1 Zitrone (unbehandelt)
- 100 g gehackte Mandeln
- 150 g Sultaninen
- Mehl für die Arbeitsfläche
- Backpapier
- 1 Eigelb zum Bestreichen
- 1 Pinsel

1 Die Butter in einem kleinen Topf zergehen und dann etwas abkühlen lassen. Das Mehl in eine Rührschüssel sieben und eine Mulde hineindrücken. In die Mulde den Zucker, den Vanillinzucker und die zerbröckelte Hefe hineingeben und mit der lauwarmen Milch und etwas Mehl vom Rand verrühren. Mit einem Küchentuch zudecken und an einem warmen Platz etwa 15 Minuten gehen lassen.

2 Die abgekühlte Butter, 4 Eigelb, Salz, die abgeriebene Zitronenschale, die Mandeln und die Sultaninen dazugeben und unterkneten. Am einfachsten geht das mit der Küchenmaschine. Wenn der Teig sich vom Schüsselrand löst, zudecken und 30 Minuten gehen lassen.

3 Den Teig auf der bemehlten Arbeitsfläche durchkneten und in zwei gleiche Teile teilen.

4 Aus einer Hälfte einen ovalen Körper mit zwei Beinen formen, auf ein mit Backpapier ausgelegtes Backblech legen. Aus der anderen Hälfte die Arme (zwei Rollen), den Kopf mit Mütze (große Kugel und Rolle) und Nase und Ohren (drei kleine Kugeln) formen. Die Teigstücke zusammensetzen und gut zusammendrücken.

5 Den Weihnachtsmann mit Eigelb bestreichen und im vorgeheizten Backofen bei 200 Grad etwa 30 Minuten goldgelb backen. Danach auf einem Kuchengitter auskühlen lassen.

Zutaten Verzierung

Bart, Haare und Pelzbesatz:
- 4 Eiweiß
- 1 TL Zitronensaft
- 200 g feiner Zucker

Körper:
- 175 g Puderzucker
- 1 Eiweiß
- 1 EL Zitronensaft
- Speisefarben
- Zuckerschrift
- Schokolinsen

6 Der Baiser für Mütze, Haare, Bart und Pelzbesatz: Dazu schlägt man das kalte Eiweiß mit ein paar Tropfen Zitronensaft sehr steif. Dann unter weiterem Schlagen die Hälfte des feinen Zuckers löffelweise einrieseln lassen. Wenn die Masse schnittfest ist, hebt man den restlichen Zucker auf einmal unter und schlägt kräftig weiter, bis die Masse sehr steif, glatt und glänzend ist. Die Eiweißmasse kommt in einen Spritzbeutel und wird auf ein mit angefeuchtetem Pergamentpapier ausgelegtes Backblech gespritzt: eine Rosette für die Mütze, einen Halbkreis für die Haare, einen etwas größeren für den Bart und zwei kleinere Streifen als Pelzbesatz für die Stiefel. Sofort bei schwacher Hitze (etwa 110 Grad) im vorgeheizten (Restwärme) Backofen etwa 60–90 Minuten trocknen lassen (alle Teile sollen weiß bleiben).

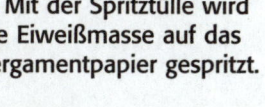

▲ So sollte der Weihnachtsmann vor dem Backen aussehen.

7 Puderzucker mit Eiweiß und Zitronensaft zu Zuckerguss verrühren und mit roter Speisefarbe einfärben. Den Körper, Arme, Beine und die Mütze damit überziehen. Gesicht bis auf Nase und Ohren sowie die Hände freilassen. Mit Zuckerschrift den Mund aufmalen und mit den Schokolinsen den Weihnachtsmann verzieren.

▲ Mit der Spritztülle wird die Eiweißmasse auf das Pergamentpapier gespritzt.

Warum am 6. Dezember der Nikolaus kommt

Weshalb der Nikolaus mal alleine, mal in Begleitung kommt, und was es sonst noch über ihn zu sagen gibt.

Nikolaus nennen wir den alten Mann mit weißem Bart und roter Kleidung, der am Vorabend seines Namenstages, dem 6. Dezember, zu uns in die Häuser kommt und süße Nascherien in unsere Stiefel steckt.

In manchen Orten wird der Nikolaus von einer Schreckgestalt begleitet, dem Krampus. Dieser ist ein Sinnbild für den vom heiligen Nikolaus gebändigten Teufel.

In wieder anderen Orten nennt man den Nikolaus auch Knecht Ruprecht, der meist nicht nur mit Geschenken, sondern auch mit einer Rute erscheint, um die Kinder zu bestrafen, die nicht brav waren.

Weil die Legende des heiligen Nikolaus auf zwei Bischöfe aus dem 4. und dem 6. Jahrhundert zurückgeht, sieht man ihn auch manchmal mit der Bischofsmütze und dem Bischofsstab.

Bei uns in Deutschland wird der heilige Nikolaus etwa seit dem 10. Jahrhundert verehrt. Er ist auch der Patron der Schiffer, Kaufleute, Bäcker und Schüler. Im Orient kennt und verehrt man den Nikolaus schon seit dem 6. Jahrhundert.

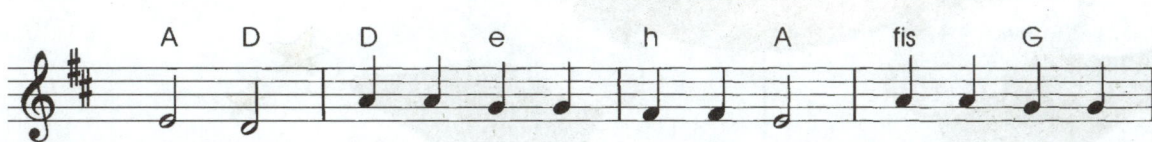

Morgen kommt der Weihnachtsmann

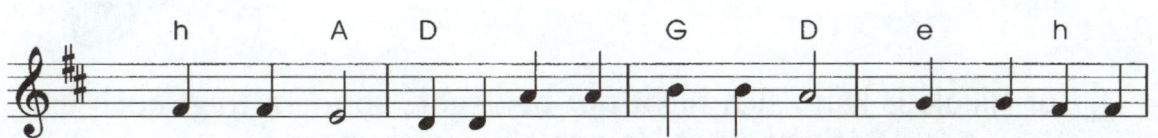

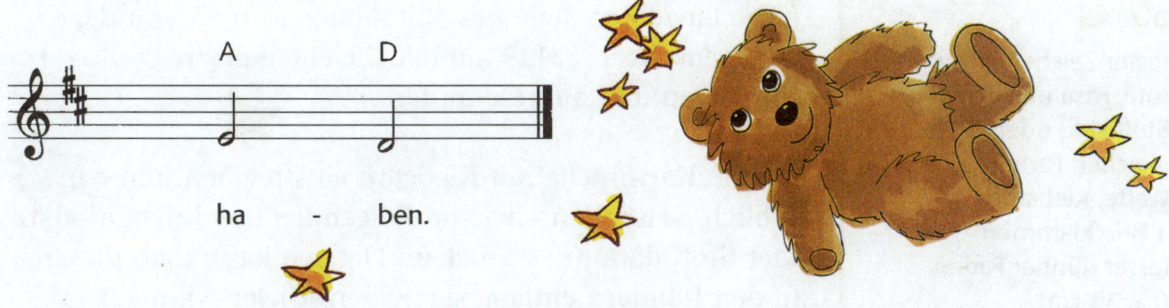

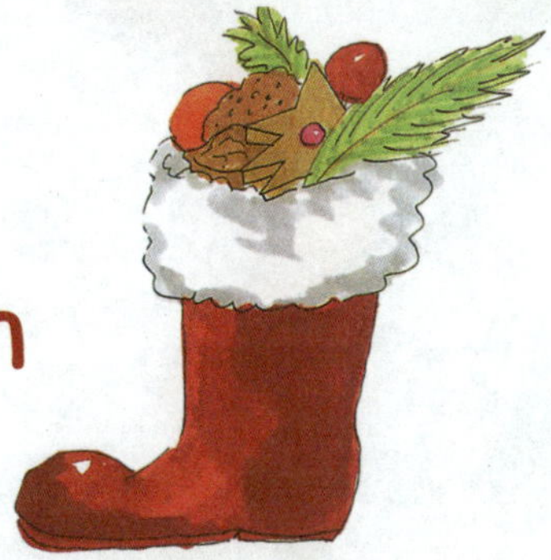

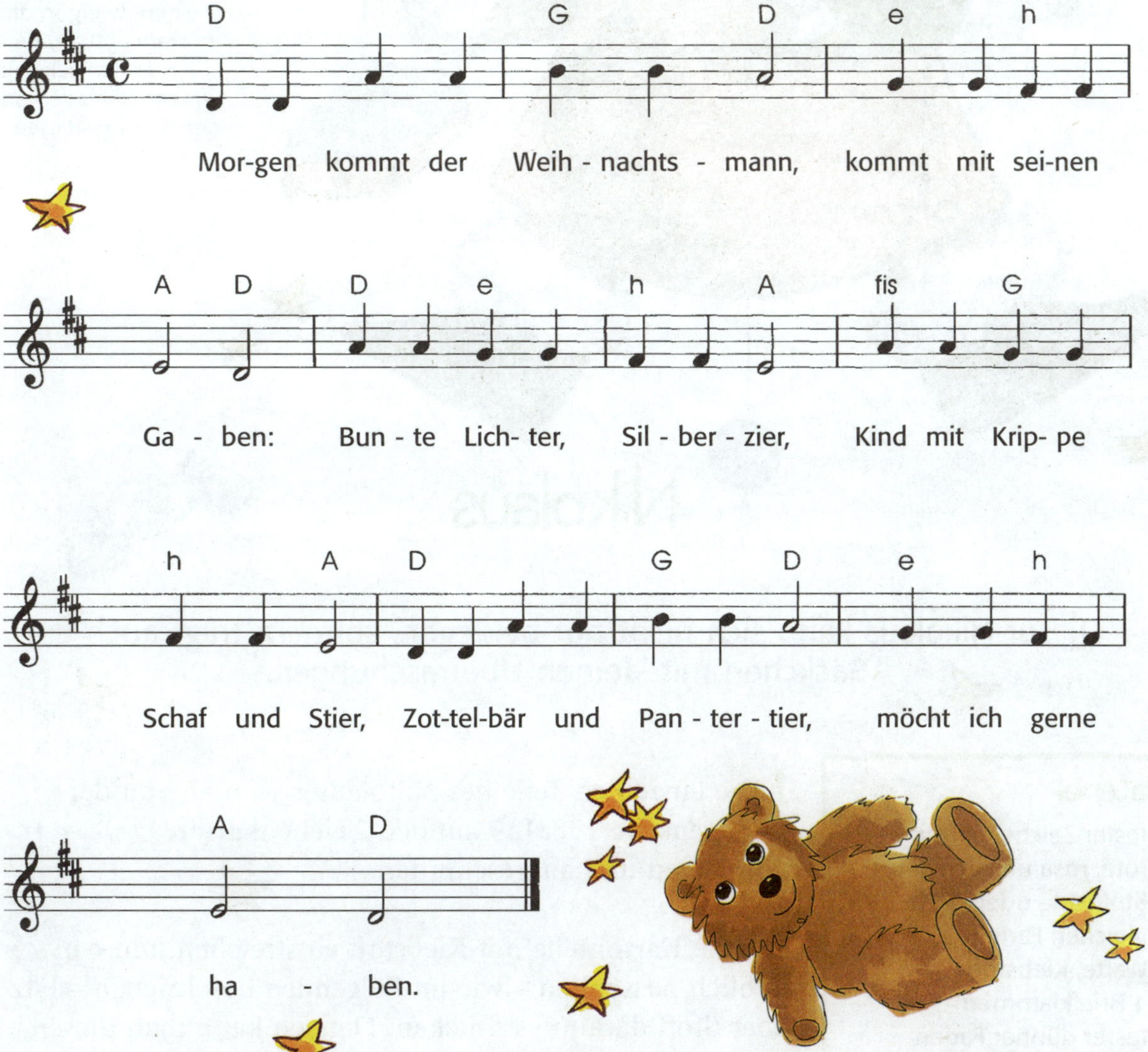
D G D e h
Mor-gen kommt der Weih - nachts - mann, kommt mit sei-nen
A D D e h A fis G
Ga - ben: Bun - te Lich- ter, Sil - ber - zier, Kind mit Krip- pe
h A D G D e h
Schaf und Stier, Zot-tel-bär und Pan - ter - tier, möcht ich gerne
A D
ha - ben.

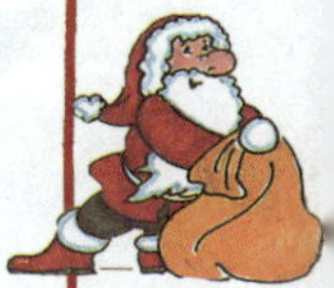

2 Doch du weißt ja unseren Wunsch, kennst ja unsere Herzen.
Kinder, Vater und Mama, auch sogar der Großpapa, alle, alle, sind wir da,
warten dein mit Schmerzen.

Man kann das Säckchen nach dem Trocknen mit Süßigkeiten füllen und dem Weihnachtsmann einen Zweig in die Hand geben, den man einfach mit einem Nähfaden an der Hand festbindet.

Nikolaus

Dieser Nikolaus kann sich nicht nur bewegen, sondern trägt auch ein Säckchen mit kleinen Überraschungen.

Material

- fester Zeichenkarton
- rote, rosa und schwarze Stoffreste oder Filz in den gleichen Farben
- Watte, Klebstoff
- 4 Briefklammern
- fester dünner Faden (ca. 35 cm)
- Nähnadel und Faden
- kleine Süßigkeiten
- kleiner Tannenzweig
- Holzkugel oder Knopf

1 Die einzelnen Teile des Nikolauses werden von der Vorlagenseite 138/139 auf den Zeichenkarton übertragen und ausgeschnitten.

2 Alle Kartonteile mit Klebstoff einstreichen und den farblich passenden – wie im Folgenden beschrieben – Filz oder Stoff darauf festdrücken. Danach kann man diesen an den Rändern entlang schneiden. Unser Nikolaus trägt einen roten Mantel, eine rote Hose, eine rote Mütze und schwarze Stiefel.

3 Die Hände werden mit rosafarbenem Stoff oder Filz beklebt. An den unteren Ärmelrändern und an den Stiefelrändern kann man zum Schluss noch etwas Watte als „Pelzbesatz" aufkleben.

4 Für den Kopf wird zunächst die Kapuze mit rotem Filz oder Stoff bedeckt. Auf die untere Hälfte des Kartons (etwa 7 cm hoch) wird für das Gesicht rosa Filz oder Stoff aufgeklebt (siehe Zeichnung rechts). Nun wird an den oberen Rand etwas Watte für die Haare geklebt. Auch der Bommel wird jetzt aufgeklebt.

5 Für das Säckchen wird ein Stück Filz oder Stoff (etwa 12 x 18 cm) doppelt gelegt und die Mitte markiert. Von dieser Mitte aus schneidet man jetzt mit der Schere auf der einen Hälfte die Ränder schräg nach oben ab (s. Zeichnung rechts). Dann werden die seitlichen Ränder zusammengenäht, so dass oben eine Öffnung bleibt. Jetzt dreht man das Beutelchen so, dass die Nähte innen liegen, und klebt die schmalere Seite des Beutelchens auf dem Rumpfteil fest.

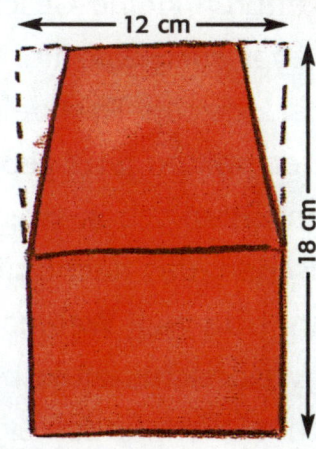

Tipp Zum Befestigen kann man auch die Innenseite des Säckchens mit einem Hefter an den Rumpf klammern.

6 Jetzt wird auch der Kopf auf den Rumpf aufgeklebt. Nachdem er getrocknet ist, kann man Augen und Mund aus Filz ausschneiden und aufkleben, sowie etwas Watte für den Bart. Zum Schluss werden die Löcher für die Briefklammern und für den Faden zum Ziehen mit einer spitzen Schere vorgebohrt. In die inneren Löcher kommt der Faden. Erst durch den einen Arm ziehen und mit einer kleinen Schlaufe festknoten, dann durch den anderen Arm ziehen und am gleichen Knoten befestigen, so dass der restliche Faden senkrecht nach unten läuft. Von hier wird wieder durch das eine Bein eine Schlaufe gebildet, festgeknotet und dasselbe beim anderen Bein wiederholt. Die Schlaufen müssen hier länger sein, als bei den Armen. Zum Schluss führt der Faden wieder nach unten und bekommt am Ende eine Holzperle oder einen Knopf. Jetzt werden Arme und Beine hinter den Rumpf gelegt, die Briefklammern werden von vorne durchgesteckt und hinten umgeklappt. Zieht man an der Perle, bewegen sich Arme und Beine. Zum Schluss zieht man als Aufhänger noch einen Faden durch die Kapuze.

Die zweite Adventswoche

Basteln und Backen stehen in dieser Woche im Vordergrund. Dazu gehören kleine Geschenke für liebe Freunde und Verwandte, aber auch ein Mini-Weihnachtsbaum für das Kinderzimmer oder als Tischdekoration.
Die Lebkuchen sollten jetzt gebacken werden, damit sie bis Weihnachten schön weich werden, und ein Knusperhäuschen, das nach und nach gegessen werden kann. Und weil Weihnachtsplätzchen in der Vorweihnachtszeit ja besonders gut schmecken, finden sich auch die übrigen Rezepte fast alle hier. Während die Plätzchen im Ofen backen, lassen spannende Geschichten, wie die von Familie Bär, und Spiele für alle Sinne auch an trüben Tagen keine Langeweile aufkommen.

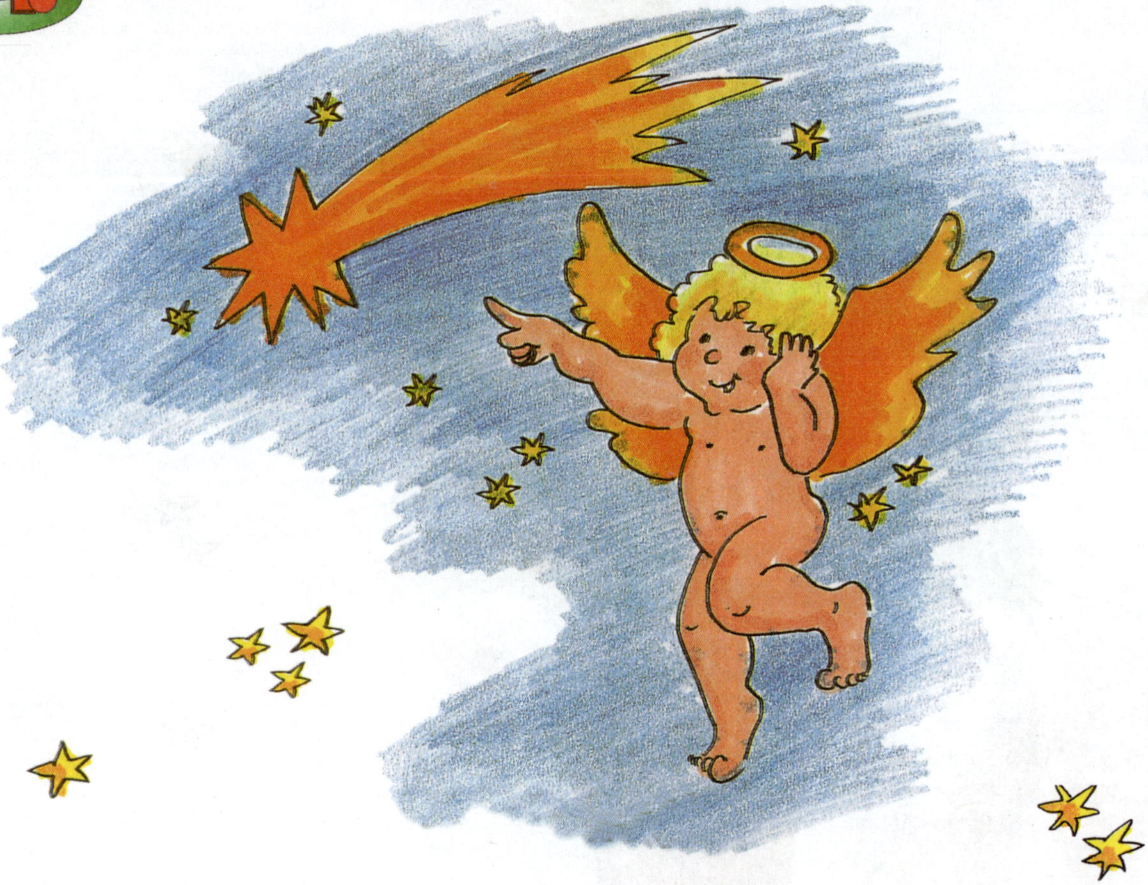

Ihr Kinderlein kommet

Ihr Kin - der - lein kom- met, o kom-met doch all, zur Krip-pe her

kom-met in Beth-le-hems Stall und seht was in die- ser hoch-

hei - li-gen Nacht der Va- ter im Him-mel für Freu- de uns macht.

2 O seht in der Krippe im nächtlichen Stall,
seht hier bei des Lichtleins hell glänzendem Strahl
den lieblichen Knaben, das himmlische Kind,
viel schöner und holder als Engelein sind!

3 Da liegt es, das Kindlein, auf Heu und auf Stroh,
Maria und Joseph betrachten es froh.
Die redlichen Hirten knien betend davor,
hoch oben schwebt jubelnd der Engelein Chor.

Spiele zum Schmecken

Plätzchen-Memory

Auf dem Tisch liegen Plätzchen verschiedener Art und Form. In einer Dose gibt es die gleichen Kekse noch einmal.
Alle Teilnehmer sitzen um den Tisch und versuchen, sich die Lage der Plätzchen einzuprägen. Dann werden die Kekse mit einem Tuch abgedeckt. Jetzt greift der Erste in die Dose, nimmt ein Plätzchen und versucht, sich daran zu erinnern, wo das passende Plätzchen unter dem Tuch liegt. Dann wird nachgesehen. Stimmen beide überein, dürfen sie gegessen werden – wenn nicht, kommt das Plätzchen zurück in die Dose. Dann darf der Nächste raten.

Geschmack erraten

Dem Spieler werden die Augen verbunden. Nun bekommt er kleine Stücke von Früchten, Plätzchen, Schokolade oder Gemüse in den Mund gesteckt und muss raten, was er da gerade isst. Errät er es, darf der Nächste es versuchen. Dabei kann schon einmal eine saure Gurke, ein Stückchen Zitrone oder ein Löffel Joghurt dazwischengeraten. Das Vertrauen des Spielers darf aber nicht ausgenützt werden, indem man ihm etwas Unangenehmes zu essen gibt, oder etwas, das er oder sie gar nicht mag. Etwas schwieriger wird es, wenn man unterschiedliche Plätzchen- oder Schokoladearten erraten lässt.

43

Das unerwartete Geschenk

In der Küche steht Frau Schuster und rührt nachdenklich in der Suppe. Frau Schuster ist die Mutter von Monika und Sabine, und während sie das Mittagessen vorbereitet, denkt sie an ihre Mutter, die Oma der Mädchen. „Dieses Jahr feiern wir zum ersten Mal Weihnachten nicht bei Oma", denkt sie. Monika und Sabine haben schon die Plätzchen vermisst, die sie sonst immer gebacken hatte. Aber die Oma war dieses Jahr ins Altersheim gezogen. Die Wohnung, in der Monika, Sabine und ihre Eltern wohnen, ist einfach zu klein, um die Oma noch aufzunehmen. Also hatte die Oma beschlossen, ins Altersheim zu ziehen. „Das ist doch gar kein Problem", hatte Oma gesagt, „mach dir keine Sorgen um mich."

Aber Frau Schuster macht sich Sorgen. Weil sie den ganzen Tag arbeiten muss, war sehr wenig Zeit, die Oma zu besuchen. Herr Schuster, der Papa von Monika und Sabine, hatte sie getröstet, dass es doch für alle so besser sei, aber Frau Schuster kann sich nicht gegen ihr schlechtes Gewissen wehren. Und jetzt ist auch noch Weihnachten – das Fest der Familie. Die Mutter hat der Oma den Besuch der ganzen Familie für den ersten Weihnachtstag angekündigt, aber Heilig Abend wollte sie mit den Kindern zu Hause feiern. Damit die Oma aber einen Weihnachtsgruß von ihnen bekommt, haben sie alle zusammen Plätzchen gebacken.

Am Nachmittag des Heiligen Abends sollen Monika und Sabine die Plätzchen ihrer Oma ins Altersheim bringen. Die Mutter macht gerade die Päckchen mit den Plätzchen fertig und verziert sie noch mit einer extra schönen Schleife. Monika und Sabine sind gar nicht begeistert. Sie trödeln herum, finden nicht den passenden rechten Schuh zum linken und ziehen lange Gesichter.

„Na, ihr habt wohl nicht viel Lust, zur Oma zu gehen?", fragt die Mutter.

„Ach, Mama, muss denn das jetzt sein, wir sehen sie doch sowieso morgen noch!", meint Monika.

Ihre kleinere Schwester Sabine fügt hinzu: „Jetzt so kurz, bevor das Christkind kommt, sollen wir noch mal weggehen? Vielleicht verpassen wir ja dann das Christkind!"

Da muss die Mutter lachen. „Das Christkind wartet bestimmt auf euch. Ich sag ihm, dass ihr gleich wieder da seid, wenn es kommt, einverstanden?"

Zweifelnd guckt Sabine ihre Mutter an, aber die lässt nicht locker. „Jetzt zieht bitte noch eure Wintermäntel an und dann geht ihr los!"

Schließlich machen sich die beiden auf den Weg zum Altersheim. Es liegt nicht weit von der Wohnung der Eltern entfernt, und sie können zu Fuß hingehen.

Als sie so den Weg zum Altersheim entlangschlendern, unterhalten sie sich. „Ich bin ja gespannt, was ich bekomme", sagt Monika. „Auf meinem Wunschzettel habe ich ja alles genau aufgeschrieben, aber ob das Christkind auch alles gelesen hat?" „Da bin ich auch neugierig", sagt Sabine. „Hoffentlich bekommen wir nicht wieder das Gleiche!"

Damit es keinen Streit zwischen ihnen gibt, hatten sie im letzten Jahr beide das Gleiche bekommen. Aber dieses Jahr sind sie alt genug, um zu sehen, dass, wenn sie alles teilen, sie doppelt so viel haben. „Hoffentlich gibt es bald genug Schnee, dass wir mit Papa zum Rodeln gehen können", meint Monika noch, und Sabine nickt. Dann sind sie auch schon am Altersheim angekommen.

Während sie den langen Gang entlangwandern, gucken sie auf die großen Zahlen, die an den Türen befestigt sind. Das sind die Zimmernummern.

„Oma wohnt in Zimmer Nr. 286, hat Mama gesagt", erinnert sich Monika. Beide suchen sie nach der richtigen Tür. „Da! Nummer 286", liest Sabine. „Hier muss es sein." Unschlüssig stehen sie vor der Tür, und gerade, als sie anklopfen wollen, hören sie seltsame Geräusche von drinnen. Sabine guckt Monika an, Monika guckt Sabine an. Beide machen ein verwirrtes Gesicht, denn was sie hören, ist lautes Lachen und Gespräche. Zaghaft öffnen sie die Tür. Ob das auch das richtige Zimmer ist? Drinnen sehen sie die Oma mitten unter anderen alten Leuten. Sie unterhalten sich lebhaft und lachen miteinander. „Kommt nur rein", sagt Oma und stellt den anderen stolz ihre beiden Enkelkinder vor.

„Das sind meine Enkeltöchter Monika und Sabine", sagt sie. „Und das ist Herr Reinhold", stellt sie weiter vor, „und das Frau Anneliese." Monika und Sabine geben den beiden die Hand und bleiben etwas schüchtern stehen. Damit haben sie nicht gerechnet, dass die Oma Besuch hat.

Aber schon haben sie die beiden auf das Sofa gezogen, während die Oma Kakao kocht. Auf dem Tisch sind lauter Fotoalben ausgebreitet, in denen viele alte Fotos zu sehen sind. Da kommt die Oma mit dem Kakao. Als Monika und Sabine ihre Tassen nehmen und vom Kakao trinken, stellen sie fest: „Der schmeckt aber komisch!" Die Oma lächelt geheimnisvoll und sagt: „Das ist ein Weihnachts-Spezialrezept, ich habe Zimt mit hineingetan." Sabine trinkt noch einmal und sagt: „Hm, der schmeckt aber gut. Das sollte Mama auch mal machen."

Frau Anneliese guckt neugierig: „Kakao mit Zimt, wie kommen Sie darauf?"

Da beginnt die Oma zu erzählen: „Als ich noch ein junges Mädchen war, lebte ich mit meinen Eltern in einem fernen Land. Dort kochte man alles mit fremden Gewürzen, und manchmal schmeckte das Essen wirklich seltsam. Damals hatten wir auch eine Köchin. Die hatte Mitleid mit mir, weil ich vieles nicht mochte, was es zu Essen gab, und wenn ich mal wieder nicht aufgegessen hatte, weil es gar zu schlimm war, machte sie mir in der Küche einen Kakao und tat etwas Zimt hinein. Das schmeckte mir immer." Dann zeigt sie Monika und Sabine die Bilder von damals. Staunend betrachten die beiden die Fotos, auf der sie die Oma als junges Mädchen in einem großen Haus sehen.

„Das wussten wir ja gar nicht", meint Monika und nimmt sich eins von ihren Lieblingsplätzchen vom Teller. Sabine meint: „Das ist aber spannend, kannst du uns noch mehr davon erzählen?"

„Sicher Kinder, aber jetzt wollen wir erst einmal die Kerzen anzünden. Schließlich wollen wir doch ein wenig Weihnachten feiern."

„Ach ja, die Kerzen", sagt der alte Herr Reinhold und zeigt auf ein altes Foto in einem anderen Album, das er mitgebracht hat. Neugierig gucken Monika und Sabine hinein. „Damals haben wir Weihnachten noch in Brasilien gefeiert", erzählt Herr Reinhold. „Und in Brasilien fällt das Weihnachtsfest mitten in den Sommer. Wenn wir nachmittags die Kerzen aufgesteckt hatten, dann waren manche von ihnen abends schon so weich von der Hitze, dass sie ganz verbogen in den Haltern standen. Dann konnten wir sie gar nicht mehr anzünden …" Herr Reinhold war nämlich in einer deutschen Kolonie in Brasilien geboren und hatte seine Jugend dort verbracht, bevor er hierher kam. Sabine lacht: „Dann hättet ihr ja eine Palme nehmen können statt einer Tanne!" „Ja", lacht Herr Reinhold, „das haben wir Kinder damals auch vorgeschlagen." Monika kann sich gar nicht vorstellen, mitten im Sommer Weihnachten zu feiern. „Weihnachten ist doch erst richtig Weihnachten, wenn ganz viel Schnee liegt", sagt sie.

Da fällt auch der Frau Anneliese mit dem schönen Kleid noch eine Geschichte ein. „Wisst ihr", sagt sie, „als ich noch jung war, da gab es einmal ein Weihnachten mit ganz viel Schnee. Er lag so hoch, dass wir kaum hindurchkamen. Damals trugen wir ja noch lange Röcke, und die mussten wir immer hochheben, damit sie nicht nass wurden."

„Ach ja, die langen Röcke", erinnert sich die Oma und lacht.

„Dann waren Sie also nicht wie Oma und Herr Reinhold an Weihnachten in einem anderen Land?", fragt Sabine neugierig.

„Nein, nein", schüttelt Frau Anneliese den Kopf, „ich war immer hier. Damals war ich Näherin. Ich hatte eine Nähmaschine von meiner Mutter bekommen, und damit zog ich von Haus zu Haus. Wenn ich zu einem Hof kam, an dem es etwas zu nähen gab, blieb ich dort eine Zeit lang und machte alle Näharbeiten."

Was haben Sie denn da genäht?", fragt Monika. „Ach, wisst ihr, damals konnte man die Kleider noch nicht so kaufen wie heute, da hat man vieles selbst genäht, so wie dieses Kleid hier, das ich anhabe. Und wenn die Kinder aus ihren Sachen rausgewachsen waren, dann haben wir sie eben geändert. Nach einiger Zeit, wenn alles fertig war, zog ich weiter zum nächsten Hof."

„Das ist praktisch", sagt Monika, „da haben Sie ja gar kein Zimmer gebraucht."

„Nein", lacht Frau Anneliese, „ich war überall zu Hause."

Auf einmal klingelt das Telefon. Es ist die Mutter, die besorgt nach Monika und Sabine fragt.

Inzwischen ist es schon Abend geworden, und Sabine und Monika haben gar nicht gemerkt, wie schnell die Zeit vergangen ist. „Dann beeilt euch jetzt mal, damit ihr das Christkind noch seht", sagt die Oma.

„Dürfen wir denn jetzt öfter kommen?", fragt Monika. „Ich möchte noch mehr Geschichten hören!", fügt Sabine hinzu.

„Natürlich!", sagt die Oma, und auch Herr Reinhold und Frau Anneliese nicken freundlich zum Abschied.

Weihnachtliche Kakao-Variationen

Ob Kakao, Schokolade oder Hoppel-Poppel: Bei diesen Rezepten nach Großmutters Art findet sich für jeden Geschmack etwas.

Kakao

Die Milch in einem Topf zum Kochen bringen. Den Kakao mit dem Zucker trocken in einer Tasse mischen und mit wenig kalter Milch oder kaltem Wasser glatt rühren. Mit einem Schneebesen in die kochende Milch einschlagen, kurz aufkochen lassen und abschmecken.

Zutaten Kakao

Grundrezept für 1 l Milch:
- 1 l Milch
- 2–3 gestrichene EL Kakao
- etwa 2 EL Zucker

Variationen:
- 1/4 TL Zimt oder
- 2 EL Kirschsirup oder
- 1 Päck. Vanillezucker

Variationen

1 Zusammen mit dem Kakao kann man auch einen Viertel Teelöffel Zimtpulver verrühren.

2 Dem fertigen Kakao können auch 1–2 Esslöffel Kirschsirup beigefügt werden – dann sollte man jedoch mit dem Zucker sparen!

3 Statt dem Zucker kann echter Vanillezucker verwendet werden, um dem Kakao einen leichten Vanillegeschmack zu verleihen. (Vanillezucker ist Zucker mit echter Bourbonvanille. Es gibt ihn fertig zu kaufen. Aber nicht verwechseln mit dem verbreiteten Vanillinzucker!)

Schokolade

Schokolade in kleine Stückchen brechen und mit wenig Milch oder Wasser in einen Topf geben. Bei schwacher Hitze schmelzen lassen, dann glatt rühren und die Milch zugeben. Mit einem Schneebesen weiterrühren und dabei aufkochen lassen, mit Zucker abschmecken. Schokoladenpulver oder -sirup können mit dem Schneebesen gleich in heiße Milch eingerührt werden. Danach aufkochen und abschmecken.
Zum Schluss die Schokolade in Tassen füllen und eventuell auf jede Tasse einen Esslöffel geschlagene Sahne geben.

Zutaten Schokolade

- 80–100 g Schokolade oder Schokoladenpulver oder Schokoladensirup
- 1 l Milch
- Zucker nach Geschmack
- evtl. 1/8 l Schlagsahne

Hoppel-Poppel
(heiße Eiermilch)

Zutaten Hoppel-Poppel

- 1 Vanillestange
- 4 Eigelb
- 4 EL Zucker oder Honig
- 1 l Milch

Die Vanillestange mit einer Messerspitze aufschneiden und mit dem Messerrücken das Mark auskratzen. Das Eigelb mit dem Zucker oder dem Honig und dem Vanillemark schaumig schlagen. Dann heiße Milch zugeben und bei mäßiger Hitze mit dem Schneebesen so lange rühren, bis die Masse sehr heiß und schaumig ist.

Omas Fotoalbum

Dieses Fotoalbum aus Omas Zeiten eignet sich,
gefüllt mit Fotos, selbst gebastelten Kollagen oder
Zeichnungen, gut zum Verschenken.

Material

- Zeichenblock DIN A5
- Klebstoff
- Locher
- alte Zeitschriften
- evtl. Buntpapier
- farbige Kordel

Für den Umschlag:

- evtl. Stoffreste, Filz
- Geschenkpapier
- Goldfolie
- 2 Pappstücke
  (15,5 x 22 cm)

1 Für die Verzierung des Umschlags werden entweder
passende Stoffreste, Filz oder ein schönes Geschenkpapier
verwendet. Man legt die Pappstücke auf den Stoff und
schneidet ihn rundherum mit einer Zugabe von etwa 3 cm
aus. Jede Pappe wird mit Klebstoff eingestrichen und das
Stoffstück so darauf festgedrückt, dass die Zugabe rundherum übersteht.

2 Ist der Klebstoff getrocknet, dreht man die Umschlag-
teile herum, so dass die Seite mit dem Stoff unten liegt.
Jetzt werden die überstehenden Ränder wie bei
einem Betttuch nach innen geklappt und festgeklebt.
Am besten legt man die Pappen zum Trocknen erst
zwischen Zeitungspapier und danach unter ein
dickes Buch. Das gilt vor allem dann, wenn der
Stoff etwas dicker ist oder Filz verwendet wird.

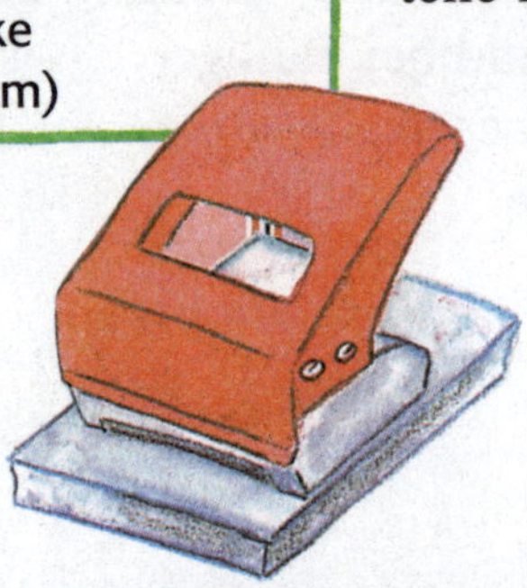

3 Zum Verzieren kann man auch noch Sterne aus der Goldfolie ausschneiden und auf den Stoff kleben. Besonders kunstvoll sieht es aus, wenn nach dem Trocknen jeweils auf die nach innen geklebten Stoffränder ein weißes Blatt aus dem Zeichenblock geklebt wird, so dass die umgeklappten Stoffränder darunter verschwinden.

4 Nun geht es an die Innenseiten. Hierfür können die Kinder aus den Zeitschriften ihre Lieblingsmotive heraussuchen und ausschneiden. Sie können ihrer Fantasie freien Lauf lassen und die einzelnen Blätter jeweils auf der Vorderseite bekleben.

5 Vielleicht gibt es auch noch ein paar Familienfotos, z.B. vom letzten Urlaub oder von einem gemeinsamen Fest? Auch aus diesen lassen sich herrliche Kunstwerke machen, wenn man sie noch mit Zeitungsausschnitten oder Figuren, die man aus dem Buntpapier ausschneidet, verziert. Wie wohl Tante Klara mit einem neuen Hut aussieht? Der eigenen Kreativität sind hier keine Grenzen gesetzt.

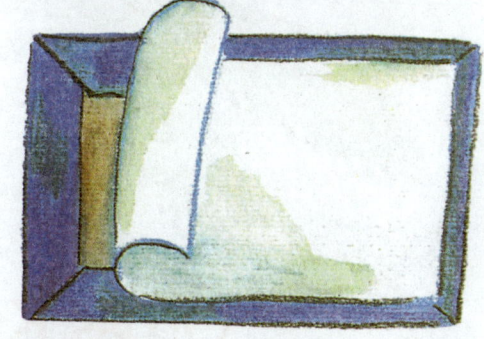

▲ So wird das weiße Papier von innen auf die Umschlagpappe geklebt.

6 Zum Schluss wird jede Seite, auch die beiden Umschlagpappen, mit dem Locher gelocht. Dann legt man alle Seiten zwischen die Umschlagpappen und zieht von unten die farbige Kordel durch die Löcher. Die beiden Enden werden oben mit einer Schleife festgeknotet.

Omas Knusperkekse

Aus Omas Rezepte-Schatztruhe stammen diese Plätzchen, die bestimmt nicht nur den Kindern schmecken.

Sirup-Knusperle

1 Den Sirup zusammen mit dem Zucker und der Butter in einem Topf langsam erwärmen, bis alles zu einer weichen Masse zergangen ist.

2 Die Masse in eine Rührschüssel geben und abkühlen lassen. Das Zitronat sehr fein hacken. In die fast erkaltete Masse gibt man nach und nach die Gewürze, das Zitronat und zu zwei Dritteln das mit dem Backpulver vermischte Mehl. Dabei immer wieder umrühren. Den Teig schließlich auf die bemehlte Arbeitsfläche geben und das restliche Mehlgemisch unterkneten.

3 Danach den Teig in kleine Portionen aufteilen und diese nacheinander sehr dünn auf der bemehlten Arbeitsfläche ausrollen und verschiedene Formen ausstechen.

4 Die ausgestochenen Teigstücke auf ein mit Backpapier ausgelegtes Backblech legen. Die Knusperkekse im vorgeheizten Backofen bei 180 Grad 5–7 Minuten goldgelb backen.

Knusperherzen

1 Das Mehl mit dem Backpulver auf die Arbeitsfläche sieben. In der Mitte des Mehls eine Mulde drücken und den Zucker zusammen mit dem Vanillinzucker hineingeben. Die Butter in kleinen Stücken auf dem Mehl verteilen. Das Wasser auf den Zucker geben und alles zu einem Knetteig verarbeiten. Danach den Teig etwa 30 Minuten in den Kühlschrank stellen.

2 Den Teig in kleine Portionen aufteilen und dünn ausrollen. Mit einer Herzform Herzen ausstechen. Bei der Hälfte der Herzen mit der kleineren Form ein weiteres Herz ausstechen. Alle Herzen auf ein mit Backpapier belegtes Backblech legen. Das Eigelb mit der Milch verrühren und die Ränder der Herzen, die in der Mitte ausgestochen sind, mit dieser Mischung bestreichen und mit Hagelzucker bestreuen. Im vorgeheizten Backofen bei 180 Grad 8–10 Minuten backen. Danach die Plätzchen auskühlen lassen.

Zutaten Knusperherzen

- 250 g Weizenmehl
- 1 Msp. Backpulver
- 75 g Zucker
- 1 Päck. Vanillinzucker
- 150 g Butter
- 2 EL Wasser

Zum Bestreichen:
- 1 Eigelb
- 1 EL Milch
- Hagelzucker

Für die Füllung:
- 8 EL rotes Johannisbeergelee
- Mehl für die Arbeitsfläche
- Backpapier
- 2 verschieden große Herzformen

3 Das Johannisbeergelee in einem kleinen Topf unter Rühren etwas einkochen lassen. Die in der Mitte nicht ausgestochenen Herzen auf der Unterseite damit bestreichen, mit den in der Mitte ausgestochenen Herzen belegen. Das kleine Herz in der Mitte mit Gelee füllen.

◄ Selbst mit einfachen Mustern sehen diese goldenen Sterne einfach zauberhaft aus.

Festliche Goldsterne

Wenn diese festlichen Sterne erst einmal das weihnachtliche Fenster schmücken, ist es nicht mehr weit bis zum Heiligen Abend. Bis dahin verbreiten sie ihr goldenes Licht auch in dunklen Winternächten.

Material

- Goldfolie, rote oder blaue Glanzfolie, Silberfolie
- Bastelmesser oder scharfes Küchenmesser
- Nagel und Hammer
- festes Garn, Nadel
- Klebstoff
- Goldkordel zum Aufhängen

1 Für einen Stern mit 29 cm Durchmesser benötigt man einen Streifen Goldfolie, der etwa 90 cm lang und 14–15 cm breit ist. Für Sterne von etwa 20 cm Durchmesser benötigt man einen etwa 80 cm langen Streifen, der ca. 9–10 cm breit ist. Für große Sterne braucht man also längere Streifen, für kleinere Sterne kürzere.

2 Die Folienstreifen werden nun zu einer Ziehharmonika gefaltet. Jede Falte sollte etwa 1–2 cm breit sein. Dabei ist es wichtig, darauf zu achten, dass die Faltenkanten möglichst direkt

aufeinander liegen. Langsames und gleich-
mäßiges Arbeiten ist dafür zu empfehlen.

3 Ist der gesamte Streifen gefaltet, hält
man ihn fest zusammen und macht mit
dem scharfen Messer von beiden Seiten
Einschnitte in die Faltkanten. Das
können Dreiecke oder Vierecke sein;
wer ganz geschickt ist, kann auch
einmal einen Halbkreis versuchen.
Achtung: Nicht ganz durch den
Streifen schneiden, sondern höchstens
bis zu zwei Dritteln des Streifens
(s. Zeichnung rechts). Lediglich an
einem Ende kann man eine Ecke
schräg abschneiden.

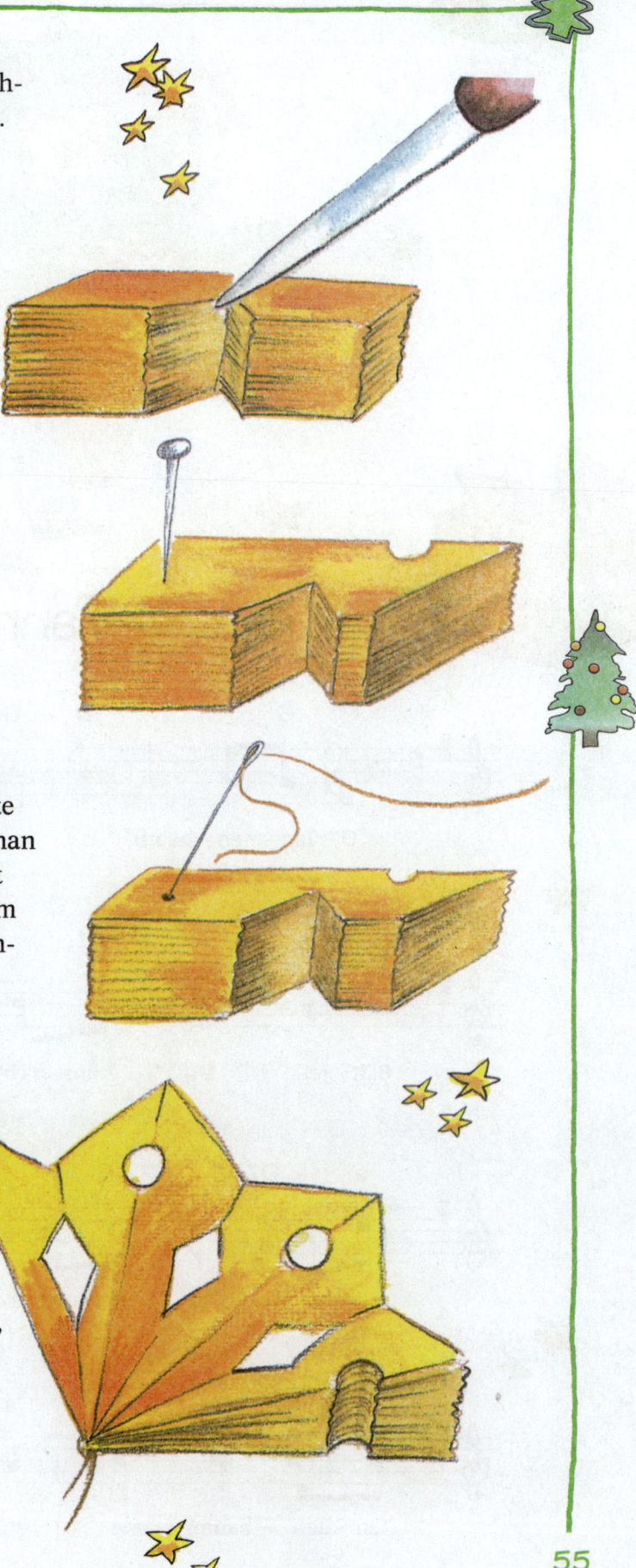

4 Der Streifen sollte immer noch
zusammengehalten werden, wenn jetzt
mit Hammer und Nagel in das nicht ab-
geschrägte Ende – etwa 1 cm vom Rand
entfernt – ein Loch durch die flache Seite
des Streifens getrieben wird. Dazu legt man
den Streifen am besten auf ein Holzbrett
oder auf einen Stapel alter Zeitungen, um
den Tisch nicht zu beschädigen (s. Zeichnung rechts).

5 Durch das Loch zieht man mit der
Nadel ein etwa 15 cm langes Stück des
festen Garns und macht in das
eine Ende einen dicken Knoten.

6 Jetzt kann der Streifen auseinander gezogen und zum Stern
geschlossen werden. Die Enden der
Folienstreifen werden zusammengeklebt,
das Garn fest zusammengezogen, festgeknotet und abgeschnitten.

7 Nun kann man an einer Stelle die
Goldkordel durchziehen und den
Stern daran aufhängen.

O Tannenbaum

O Tan - nen - baum, o Tan-nen - baum, wie grün sind dei - ne
Blät - ter! Du grünst nicht nur zur Som-mers-zeit, nein
auch im Win - ter, wenn es schneit. O Tan - nen - baum, o
Tan - nen - baum, wie grün sind dei - ne Blät - ter!

2 O Tannenbaum, o Tannenbaum, du kannst mir sehr gefallen!
Wie oft hat nicht zur Weihnachtszeit ein Baum von dir mich hocherfreut!
O Tannenbaum, o Tannenbaum, du kannst mir sehr gefallen.

3 O Tannenbaum, o Tannenbaum, dein Kleid will mich was lehren:
Die Hoffnung und Beständigkeit gibt Mut und Kraft zu jeder Zeit!
O Tannenbaum, o Tannenbaum, das will dein Kleid mich lehren.

Warum wir an Weihnachten einen Tannenbaum schmücken

Der Brauch, an Weihnachten einen Tannenbaum in unser Haus zu holen und ihn zu schmücken, ist schon sehr alt.

Weihnachten ist schon ein geheimnisvolles Fest. Nach unserem christlichen Glauben feiern wir die Geburt von Jesus. Die Bräuche, wie der Tannenbaum, die roten Äpfel und die Kerzen, stammen allerdings noch aus einer Zeit, als wir Weihnachten noch gar nicht gefeiert haben. Und doch passen die alten Bräuche gut zu unserem christlichen Glauben.

Die Heilige Nacht, die wir jedes Jahr am 24. Dezember feiern, liegt im Kalender nämlich nur drei Tage nach der Winter-Sonnenwende, also der längsten Nacht des Jahres. In dieser Nacht bleibt es viel länger dunkel als in allen anderen Nächten. Von da an werden die Tage wieder länger, das Licht wird wiedergeboren. Schon immer wurden in dieser Zeit große Türme aus Holz aufgeschichtet und angezündet zum Zeichen dafür, dass die dunkelste Zeit des Jahres nun vorbei ist. Unser Weihnachtsbaum ist wie ein solcher Turm, der mit dem Leuchten seiner Kerzen ein Zeichen dafür ist, dass es auf unserer Welt wieder hell wird.

Das Grün der Zweige ist ein Symbol für die Hoffnung, die roten Äpfel oder Kugeln stehen für das Blut, das Jesus für uns vergossen hat, und die Kerzen für das Licht, das für immer in unseren Herzen scheint, seit Jesus in der Heiligen Nacht geboren wurde.

Familie Bär und die Sache mit dem Weihnachtsbaum

In einem Wald, hinter dicken Bäumen gut versteckt, lebt Familie Bär in ihrer Bärenhöhle. Da sind Mama Bär und Papa Bär, Brumml und seine kleine Schwester Tapsi.

Brumml heißt eigentlich Bruno, aber weil er so oft brummig ist, hat ihn sein Vater irgendwann einmal Brumml getauft, und seitdem heißt er so. Tapsi liebt ihren großen Bruder sehr und folgt ihm auf Schritt und Tritt, was Brumml gar nicht mag.

Draußen ist es bitterkalt, es ist Winter, und der Schnee fällt in dicken Flocken vom Himmel.

Bald ist Weihnachten.

Drinnen in der Bärenhöhle ist es kuschelig warm. Überall duftet es schon nach Bärenmamas Weihnachtsplätzchen.

Heute backt sie die leckeren Honigkuchen. Mmmmhh, riecht das gut!

Brumml läuft in die Küche. „Darf ich einen haben, Mama?", fragt er.

„Ach, Brumml, die Honigkuchen sind doch noch ganz hart, die müssen ein bisschen liegen, bis sie so weich sind, dass man sie essen kann", vertröstet ihn die Mutter.

„Hmm", brummt Brumml. „Immer muss ich warten."

Das schöne Päckchen mit der roten Schleife darf er auch noch nicht aufmachen.

Ob da wohl ein Geschenk für ihn drin ist? Als Brumml am nächsten Morgen aufwacht, weiß er: „Noch dreimal Schlafen, dann ist endlich Weihnachten!"

Das weiß auch sein Vater, und beim Frühstücken sagt er zu Brumml: „Weißt du was, du bist ja jetzt schon groß. Wie wäre es, wenn du diesmal in den Wald gehst und uns einen schönen Weihnachtsbaum holst?" Brumml ist ganz stolz, denn bis jetzt hatte der Vater den Weihnachtsbaum immer selbst geholt.

„Ich will auch mit!", ruft Tapsi. Und die Mutter nickt: „Geh nur mit, du kannst Brumml tragen helfen."

Tapsi ist Feuer und Flamme, nur Brumml ist nicht mehr so begeistert.

Sie ziehen ihre dicken Jacken an und gehen los. Mitten hinein in den verschneiten Winterwald.

Als sie ein Stück gegangen sind, fällt Tapsi auf, dass sie noch nie so weit von zu Hause weg war, die warme Höhle ist schon lange nicht mehr zu sehen.

„Weißt du denn auch, wo unser Weihnachtsbaum steht?", fragt sie Brumml. Der brummelt: „Ja, ja, geh nur hinter mir her." „Aber ich hab schon ganz kalte Füße", jammert Tapsi. Da seufzt Brumml, dreht sich um, nimmt seine Schwester an der Hand und sagt:

„Komm wir rennen ein bisschen. Schau, da vorne ist sie schon, die Weihnachtsbaumlichtung!"

Und tatsächlich. Vor ihnen stehen ganz viele Weihnachtsbäume, einer dicht neben dem anderen.

„Ui, sind das viele!", staunt Tapsi. „Welchen nehmen wir denn?"

„Hm, lass mal sehen", meint Brumml ganz fachmännisch und geht langsam durch die Weihnachtsbäume hindurch.

„Guck mal, der ist doch schön!", kräht Tapsi aufgeregt. „Oder der? Der ist noch viel schöner!"

Schließlich hat Brumml den richtigen Baum gefunden, auch Tapsi findet ihn schön. „Jetzt musst du zur Seite gehen", sagt Brumml, „ ich zeig dir mal, wie ein richtiger Bär einen Baum ausreißt!"

Tapsi guckt ganz gespannt zu. Brumml geht ganz nah an den Stamm heran, atmet noch einmal tief ein, dann umarmt er den ganzen Baum, obwohl die Nadeln ganz schön pieken. Er lehnt sich ein bisschen nach hinten und wieder ein bisschen nach vorne und wieder ein bisschen nach hinten …

„Klack!"

Was war das? Verdutzt lässt Brumml den Baum los und schaut noch oben. Nichts zu sehen.

„Warst du das etwa?", fragt er Tapsi. Aber die ist ganz unschuldig.

„Das kam von oben! Ich hab's genau gesehen!", ruft sie.

Im Schnee finden sie eine Nuss. Seltsam.

Wieder versucht Brumml den Baum auszureißen, und wieder bekommt er eine Nuss auf den Kopf.

Ärgerlich guckt er den Baum hinauf, und da sieht er auf einmal ein Eichhörnchen, nein zwei, drei – es werden immer mehr. „Was macht ihr denn mit dem Baum? Man kann ja gar nicht mehr in Ruhe schlafen!", ruft ein Eichhörnchen wütend hinunter.

„Das ist unser Weihnachtsbaum!", erwidert Tapsi, und Brumml sagt tapfer: „Den reiße ich jetzt aus und nehme ihn mit nach Hause."

„Nix da!", schimpft das Eichhörnchen, und auf einmal prallen lauter Nüsse auf die Köpfe von Brumml und Tapsi.

„Das ist unser Baum!"

Erschrocken laufen die beiden nach Hause.

Dort erzählen sie ihrem Vater die ganze Geschichte.

„Na, das wollen wir doch mal sehen", sagt Papa und geht mit Tapsi und Brumml zur Weihnachtsbaumlichtung.

Sie haben eine Axt, eine Säge und die Schaufel mitgenommen. Eigentlich wäre Tapsi lieber zu Hause bei der Mama geblieben, aber dann wollte sie doch sehen, wie der Papa den Weihnachtsbaum bekommt. Außerdem sind ihre Füße vom vielen Laufen inzwischen ganz warm geworden, und weit findet sie es jetzt eigentlich auch gar nicht mehr. Als sie an der Lichtung ankommen, ist von den Eichhörnchen weit und breit nichts mehr zu sehen. Papa Bär schaut Brumml an und fragt: „Na, wo sind denn jetzt die Eichhörnchen?" Brumml guckt sich um und sagt: „Aber eben waren sie noch da …"

Dann geht Papa Bär zu dem Weihnachtsbaum, den Tapsi und Brumml zuvor ausgesucht hatten. Gerade setzt er die Säge an, da geschieht es. „Klack!"

Papa Bär fährt herum: „Warst du das etwa, Brumml?"

„Nein, Papa", sagt Brumml und zeigt nach oben auf den Baum. Dort tauchen auf einmal immer mehr Eichhörnchen auf, mit Nüssen und Eicheln bewaffnet.

„Wollt ihr wohl unseren Baum in Frieden lassen!"

„So eine Gemeinheit! Jetzt wollen sie ihn auch noch absägen! Macht, das ihr wegkommt!!!"

Und schon werden Papa Bär, Brumml und Tapsi von den wütenden Eichhörnchen mit Nüssen und Eicheln beworfen, so dass sie ganz schnell die Säge fallen lassen.

Papa Bär ist verblüfft.

„Jetzt siehst du es, Papa", sagt Brumml, und Tapsi nickt eifrig. „Da sind sie!"

Immer mehr Nüsse hagelt es von oben. Papa Bär ruft hinauf: „Hört auf, hört auf, wir wollen mit euch reden!"

Da werden die Nüsse langsam weniger.

„Ja? Wollt ihr euch endlich entschuldigen?", fragen die Eichhörnchen.

Aber Papa Bär schüttelt den Kopf. „Nein, wir brauchen den Baum doch für Weihnachten. Könnt ihr denn nicht auf einen anderen Baum umziehen?" Statt einer Antwort hagelt es wieder Nüsse.

Da kommt Tapsi auf einmal eine Idee. Sie zupft ihren Papa am Arm und sagt: „Du Papa, wir könnten den Baum doch ausgraben und in einen Eimer stellen. Und nach Weihnachten pflanzen wir ihn wieder ein."

Papa Bär wiegt den Kopf hin und her. Er denkt nach. Einen Baum ausgraben?

Das bedeutet viel Arbeit. Andererseits wären die Eichhörnchen vielleicht damit einverstanden.

„Hm", sagt er und kratzt sich den Kopf. Dann ruft er wieder nach oben: „Wir haben eine Idee: Wir könnten ja den Baum ausgraben und ihn nach Weihnachten wieder einpflanzen!"

„Wir sollen euch den Baum also für Weihnachten leihen?"

Papa Bär nickt. Die Eichhörnchen denken nach. Sie reden so lange miteinander, bis Brumml kalte Füße bekommt. Außerdem ärgert er sich, weil ausgerechnet seine kleine Schwester diese Idee hatte. „Was ist denn jetzt?", ruft er drängelnd hinauf.

Die Eichhörnchen fragen zurück: „Bekommen wir ihn dann auch sicher wieder?"

„Klar!", meint Brumml.

„Und wo sollen wir hin, während ihr mit unserem Baum Weihnachten feiert?"

„Ihr könnt doch einfach mitkommen und mit uns Weihnachten feiern!", schlägt Tapsi vor. Dann guckt sie ihren Papa an, etwas erschrocken über ihren eigenen Mut. „Oder, Papa? Das geht doch?"

Papa Bär runzelt die Stirn, seufzt bedächtig und nickt schließlich.

„Ui ja!", ruft Tapsi ganz begeistert.

„Also gut", lenken die Eichhörnchen ein, „aber seid bloß vorsichtig mit dem Ausgraben!"

„Ja, ja", brummt Brumml,

froh, dass es nun endlich wieder weitergeht.

Schon kommen die Eichhörnchen den Baum hinuntergeturnt, dann beginnen Brumml und Papa Bär, den Baum auszugraben. Die beiden kommen ganz schön ins Schwitzen. Aber schließlich ist es geschafft, und der Baum steht im Kübel. Gemeinsam machen sie sich auf den Heimweg. Papa Bär trägt den Baum und die Axt, Brumml die Säge und die Schaufel, und Tapsi achtet darauf, dass die Eichhörnchen auch hinterherkommen.

Als sie endlich zu Hause sind, staunt Mama Bär über das merkwürdige Gespann. „Wen habt ihr denn da mitgebracht?", fragt sie.

„Das sind die Eichhörnchen, die auf dem Baum wohnen. Jetzt feiern sie mit uns Weihnachten!"

„Aha", sagt Mama Bär und guckt ihren Mann erstaunt an. Aber der sagt lieber gar nichts mehr dazu und zuckt nur mit den Schultern.

Schließlich machen sie sich gemeinsam daran, den Weihnachtsbaum zu schmücken. Das geht dieses Jahr natürlich viel leichter, denn die Eichhörnchen helfen und sind flink dabei, die Äpfel und Schleifen auf den Ästen zu verteilen.

Brumml findet das toll, und auch Papa Bär bekommt langsam wieder bessere Laune.

„Vielleicht war es doch gar keine so schlechte Idee, die Eichhörnchen einzuladen", meint er schließlich.

Und als der Weihnachtsbaum fertig geschmückt ist, tanzen sie gemeinsam mit den Eichhörnchen den Weihnachts-Bärentanz. Es war das schönste Weihnachten seit eh und je.

Bärenmamas Honigkuchen

Diese Honigkuchen schmecken sicher nicht nur Brumml und Tapsi, sondern auch allen anderen, die auf Weihnachten warten.

Zutaten

- 200 g Honig
- 70 g Butter
- 250 g Zucker
- 100 g Zitronat
- 100 g Orangeat
- 1 1/2 TL Zimt
- 1/2 TL gemahlene Nelken
- 1 Msp. Kardamom
- abger. Schale von 1/2 Zitrone (unbehandelt)
- 150 g geriebene Mandeln
- 500 g Mehl
- 1 Päck. Backpulver

Für die Glasur:
- 200–250 g Puderzucker
- 3 EL Zitronensaft
- Backpapier

1 Zuerst den Honig in einen kleinen Topf geben und warm stellen. Da er flüssig werden soll, aber nicht kochen darf, eignet sich eine warme Heizung oder die Restwärme einer Kochplatte gut dafür.

2 Dann in einer Schüssel die Butter schaumig rühren, den Zucker untermischen und den flüssigen Honig langsam dazugeben.

3 Zitronat und Orangeat mit einem Wiegemesser fein hacken und zusammen mit den Gewürzen und den Mandeln gut unter die schaumige Masse rühren.

4 Das Mehl durchsieben und mit dem Backpulver vermischen. Nach und nach unter den Teig rühren. Vielleicht muss der Teig zum Schluss auch noch einmal mit der Hand durchgeknetet werden.

5 Dann den Backofen auf 180 Grad vorheizen. Wenn alle Zutaten gut vermengt sind, den Teig etwa 1/2 cm dick auf einer mit Mehl bestreuten Arbeitsfläche ausrollen und die Teigplatte dann auf ein mit Backpapier belegtes Backblech legen.

6 Das Backblech mit dem Teig in den vorgeheizten Backofen schieben und den Teig darin etwa 15 Minuten backen (auf der mittleren Schiene).

7 Nach dem Backen mit einem scharfen Messer den noch heißen Teig in Rauten oder Quadrate schneiden.

8 Während die Honigkuchen ein wenig abkühlen, stellt man die Glasur her: Dazu den Puderzucker mit dem Zitronensaft verrühren, bis eine zähe, glänzende Masse entsteht. Diese nun mit einem Pinsel auf die noch warmen Honigkuchen streichen.

9 Danach die Stücke auf einem Kuchengitter gut trocknen lassen und, wenn sie ganz ausgekühlt sind, in eine Blechdose geben, damit sie weich werden. Das dauert etwa 2 Wochen.

Man kann die Honigkuchen nach dem Glasieren auch noch verzieren, indem man zum Beispiel eine abgezogene Mandel auf die noch weiche Glasur drückt oder eine bunte Schokolinse.
Auch kleine Stückchen von Zitronat, Orangeat oder einer kandierten Kirsche sehen sehr dekorativ aus.

Tipp Mandelhäutchen lassen sich leicht abziehen, wenn man die Mandeln vorher mit kochendem Wasser überbrüht und danach kalt abschreckt.

Das Warten auf Weihnachten wird gleich noch einmal so schön, wenn man dann diese leckeren Honigkuchen essen kann.

► Soll das Eichhörnchen
am Weihnachtsbaum
aufgehängt werden,
empfiehlt es sich, statt des Nylonfadens einen
Baumwollfaden oder eine Golkordel zu verwenden,
da diese nicht so hitzeempfindlich sind.

Das Eichhorn Kuschelpuschel

**Ein Eichhörnchen zum Spielen, zum Liebhaben oder
sogar als Schmuck für den Weihnachtsbaum.**

Material

- weicher Stoffrest
  (ca. 30 x 40 cm)
- Nadel und Nähfaden
- Zauberwatte (oder alte
  Nylonstrümpfe)
- 2 kleine schwarze Knöpfe
  (glänzend und rund)
- evtl. Knopf als Nussersatz
- dünner Nylonfaden
- braune oder rote Federn
- Klebstoff

1 Von der Vorlagenseite 138/139 werden die einzelnen
Teile des Eichhörnchens auf den Stoff übertragen und
mit etwa 7 mm Nahtzugabe ausgeschnitten.

2 Zuerst wird an ein Rumpfteil das Kopfzwischenteil
genäht, und zwar von Markierung 1 A bis zu Markierung
1 B. Danach das zweite Rumpfteil genauso am Kopfzwischenteil festnähen.

3 Jeweils eine Seite des Bauchteils wird von 2 A nach
2 B an je ein Rumpfteil genäht, so dass, bis auf die offene
Rückennaht, der Körper des Eichhörnchens fertig ist.

4 Die Rückennaht wird bis auf ca. 4 cm am unteren Ende geschlossen und das ganze Eichhörnchen auf rechts gedreht.

5 Jetzt kann der Rumpf mit Zauberwatte oder alten Nylonstrümpfen fest ausgestopft werden. Danach die Rückennaht schließen.

6 Für die Arme, Beine und Ohren näht man immer die beiden gleichen Stoffteile zusammen (nicht ganz zunähen!), dreht sie danach auf rechts, stopft sie ebenfalls aus und schließt dann die Nähte ganz.

7 Jetzt werden Arme, Beine und Ohren an den Rumpf genäht. Dann bekommt das Eichhörnchen Augen. Dazu werden die Knöpfe auf beiden Seiten des Kopfes festgenäht. Den letzten Knopf kann man als „Nüsschen" zwischen die Pfoten nähen. (Alle Knöpfe gut festnähen, damit sie nicht verschluckt werden können!)

8 Danach kommen die Barthaare an die Reihe. Dazu werden von dem Nylonfaden acht Stücke von je 8 cm Länge abgeschnitten. Diese werden nun an der Nasenspitze durch die Nase gezogen und festgeknotet, so dass sie auf beiden Seiten etwa 4 cm überstehen.

9 Für den puscheligen Eichhörnchenschwanz werden die Federn mit dem Kiel in den Stoff gesteckt, so dass die Federenden nach hinten bzw. außen zeigen. Dazu muss man vielleicht ein kleines Loch mit einer Schere vorbohren.

10 Jetzt bestreicht man das Kielende der Feder mit wenig Klebstoff und schiebt diesen etwa 1 cm tief in den Körper hinein. Je dichter die Federn stecken, desto puscheliger ist der Schwanz.

11 Zum Aufhängen wird am Kopf mit der Nadel ein ausreichend langes Stück Nylonfaden durchgezogen und durch Verknoten gesichert.

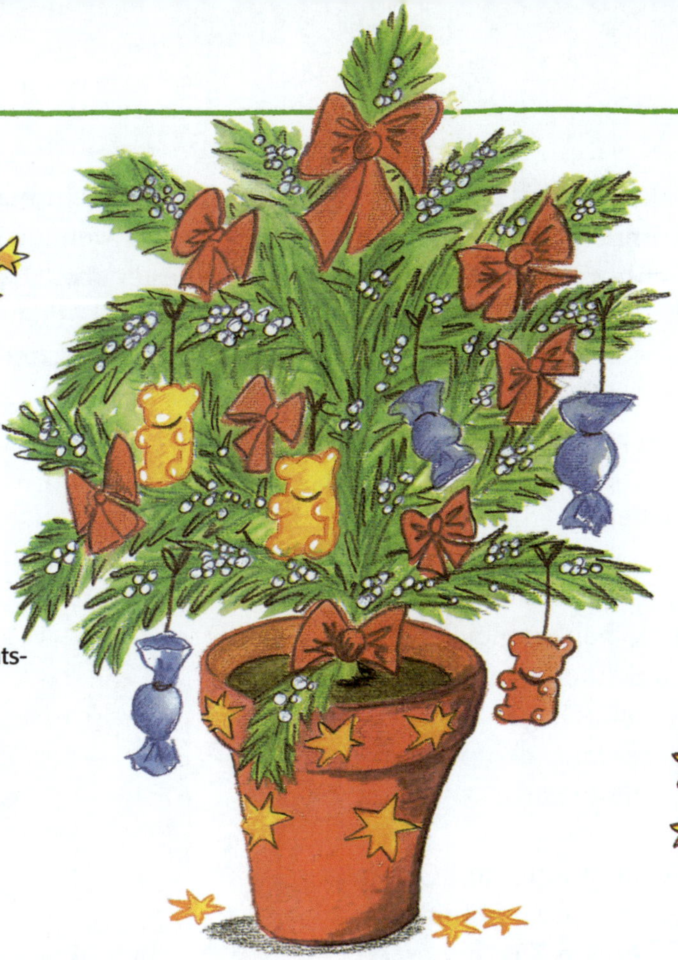

▶ Der Mini-Weihnachtsbaum ist ein kleines buntes Schmuckstück für das Kinderzimmer.

Mini-Weihnachtsbaum

Ob Brumml wohl so einen Baum gesucht hat? Wie auch immer – für diesen kleinen Weihnachtsbaum gibt es bestimmt einen schönen Platz.

Material

- kleiner Blumentopf (ca. 7 cm Durchmesser)
- Blumensteckmasse oder grüne Knetmasse
- mehrere kleine Tannenzweige
- Blumendraht
- rote Acrylfarbe und Pinsel oder rote Goldfolie

Zum Verzieren:

- Gummibärchen, kleine Bonbons, rote Schleifen, Sternchen

1 Wer mag, bemalt den Blumentopf zuerst mit roter Acrylfarbe und lässt ihn dann gut trocknen. Möchte man den Blumentopf lieber in Goldfolie packen, sollte man dies erst später tun.

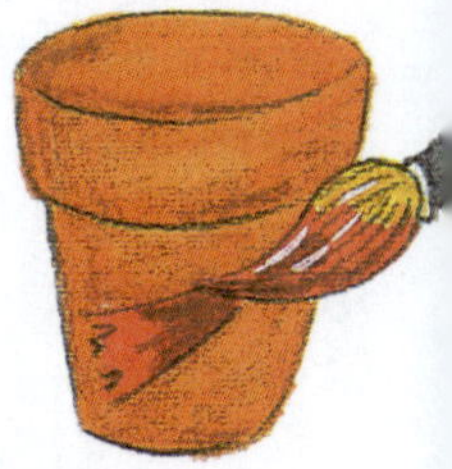

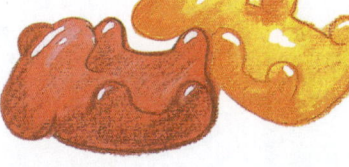

2 Die Blumensteckmasse, die man in Blumengeschäften, Bastelläden oder auch im Baumarkt erhält, wird mit einem scharfen Messer kegelförmig zugeschnitten, so dass sie möglichst genau in den Blumentopf passt. Sie hat den Vorteil, dass man sie

auch anfeuchten und so die Tannenzweige etwas länger frisch halten kann. Die Knetmasse wird erst ein wenig weich geknetet und danach in den Blumentopf gedrückt.

3 Nun sucht man aus den Tannenzweigen passende Stücke heraus und hält sie – zunächst in der Hand – so zusammen, dass sie wie ein kleiner Weihnachtsbaum aussehen. Dann wird das Ganze mit Blumendraht, den man später nicht mehr sieht, fixiert.

4 Jetzt wird der fertige Tannenbaum in die Blumensteckmasse bzw. die Knetmasse gesteckt. Eventuell muss man dafür mit einem Löffelstiel ein kleines Loch vorbohren.

5 Wenn der Tannenbaum fest in seinem Topf steht, kann dieser jetzt entweder in Goldfolie eingepackt oder aber, falls er bemalt wurde, mit goldenen Klebesternchen verziert werden.

6 Danach kann man mit der Verzierung des Bäumchens beginnen. Dabei sind der eigenen Fantasie keine Grenzen gesetzt. Gummibärchen oder kleine Bonbons, mit rotem Nähgarn an den Baum gehängt, sehen sehr niedlich aus. Aber auch kleine rote Schleifen, etwas Watte oder Styropor als Schnee sehen festlich aus; wer es natürlicher mag, kann auch kleine Nüsse, Nelken oder Anissterne verwenden.

▲ Je nach Geschmack können für den Mini-Weihnachtsbaum auch Kiefernzweige verwendet werden.

Weihnachtliches Knusperhäuschen

Dieses honigsüße Kunstwerk ist nicht nur schön anzusehen, es schmeckt auch gut. Dafür lohnt sich die Mühe bestimmt!

Zutaten

- 10 Eier
- 400 g Zucker
- 900 g Honig
- 500 g geriebene Haselnüsse
- 1 TL Salz, 1 Prise Pfeffer
- je 2 TL Nelken- und Zimtpulver
- 2 kg Mehl, 20 g Natron
- 5–6 EL Kakao
- Mehl zum Bestäuben
- 2 Eiweiß
- 600 g Puderzucker
- 1 Spritzer Zitronensaft
- Backpapier

Verzierung:
- nach Wunsch

1 Die Eier in einer Rührschüssel sehr schaumig schlagen und den Zucker dabei nach und nach dazugeben. Wenn der Zucker aufgelöst ist, den Honig zufügen. Die geriebenen Haselnüsse mit Salz, Nelken, Zimt und Pfeffer mischen und zu der Honigmasse in die Schüssel geben. Das Mehl mit Natron und Kakao vermischen und vorsichtig unterrühren. Danach mit der Rührmaschine kräftig durchrühren.

2 Jetzt gibt man den Teig auf eine mit Mehl bestäubte Arbeitsfläche und knetet ihn noch einmal gut durch. Dann muss der Teig, in eine große Plastiktüte eingewickelt, im Kühlschrank ruhen, und zwar mindestens 1 Nacht und 1 Tag, besser wären aber mehrere Tage. In dieser Zeit kann man nach den Vorlagen rechts die Schablonen herstellen.

3 Vor dem Backen teilt man den Teig in drei gleich große Stücke. Diese werden noch einmal durchgeknetet und dann auf einem mit Backpapier belegten Backblech etwa fingerdick ausgerollt.

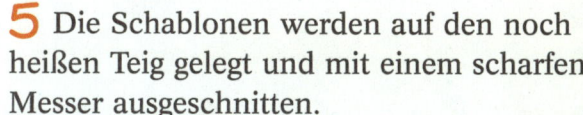

4 Danach auf mittlerer Schiene bei 200 Grad im vorgeizten Backofen etwa 15 Minuten backen.

5 Die Schablonen werden auf den noch heißen Teig gelegt und mit einem scharfen Messer ausgeschnitten.

6 Die ausgekühlten Teile können jetzt zusammengesetzt werden. Dazu rührt man 1 Eiweiß mit der Hälfte des Puderzuckers und etwas Zitronensaft so lange, bis die Masse schaumig und cremeartig ist. Jetzt bestreicht man die Kanten aller Seitenflächen dick mit dem Zuckerguss und stellt sie auf die Bodenfläche. Dabei müssen alle Hände mithelfen, bis die Grundmauern stehen. Dann legt man einen Faden um die Mauern und knotet ihn fest. So können die Wände während des Trocknens nicht umfallen. Nach dem Antrocknen bringt man auf dieselbe Weise das Dach an. Das Häuschen über Nacht trocknen lassen.

7 Jetzt kann mit dem Schmücken und Verzieren begonnen werden. Dazu rührt man den übrigen Zuckerguss wie oben beschrieben an und verziert das Häuschen ganz nach Belieben. Lustige Dachziegel entstehen beispielsweise, wenn man den Zuckerguss in einen Spritzbeutel gibt und kleine Rosetten auf das Dach spritzt. Man kann aber auch Schokolinsen dazu verwenden.

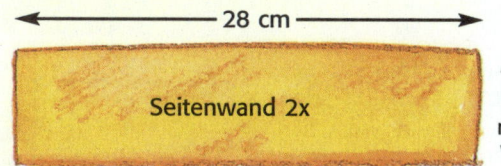

28 cm

Seitenwand 2x

7 cm

Firstseite oben

Dachfläche 2x

Dachinnenseite unten

28 cm

Giebel bzw. Frontseite

25 cm

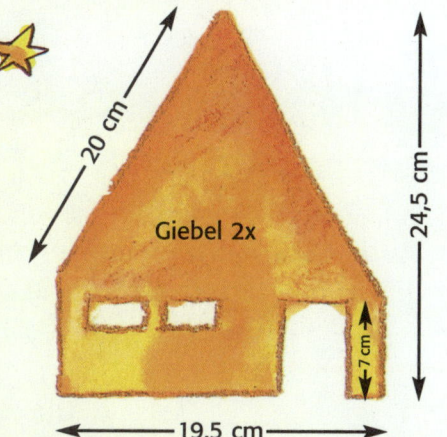

20 cm

Giebel 2x

24,5 cm

7 cm

19,5 cm

1 x Grundfläche 30 x 40 cm

Baum

15 und 18 cm

◄ Beim Verzieren können auch die Kinder helfen. Vielleicht stellen sie Gummibärchen als Bewohner in das fertige Häuschen oder bauen aus kleinen Lutschern und Bonbons süße Bäume und Blumen.

▶ In Folie verpackt und mit Kokosraspeln, kleinen Styroporkugeln, Sternchen, Pailletten oder weißen Praline-Kugeln verziert, sind die Schneemänner auch eine hübsche Dekoration für die weihnachtliche Tafel.

Schneemänner

Diese Schneemänner eignen sich, hübsch in Folie verpackt, auch als kleines Mitbringsel zu Weihnachten.

Zutaten

Für 10–15 Schneemänner:
- 500 g Mehl
- 1/4 TL Backpulver
- 250 g feiner Zucker
- 1 Päck. Vanillezucker
- 250 g Butter
- 3 Eigelb
- 1 ganzes Ei
- Aprikosenmarmelade
- Marzipan oder große Liebesperlen
- Puderzucker
- Zitronensaft
- Kokosraspel
- Backpapier

1 Alle Zutaten sollten kalt sein. Mehl mit Backpulver mischen und auf eine Arbeitsfläche geben. In die Mitte eine Mulde eindrücken, in die man den Zucker gibt. Die Butter wird in Stücken auf dem Mehl verteilt. Jetzt entweder mit einem großen Messer den Teig hacken oder mit kalten Händen kurz zusammendrücken.

2 Wieder eine Mulde machen und die Eier hineingeben. Rasch mit den Händen zu einem Teig zusammenkneten. Der Teig darf nicht zu weich werden. Danach 1 Stunde im Kühlschrank ruhen lassen.

70

3 Den Teig auf einer bemehlten Arbeitsfläche ca. 5 mm dick ausrollen und mit einem Messer die Schneemänner ausschneiden. Jeweils zwei sollten ungefähr die gleiche Größe haben.

4 Die Schneemänner auf das mit Backpapier belegte Backblech legen und den Teig rechts und links etwas einschneiden. Die Teig-streifen auseinander ziehen, so dass der Schneemann Arme bekommt.

5 Im vorgeheizten Backofen etwa 10–15 Minuten bei 180 Grad hellgelb backen. In der Zwischenzeit die Apri-kosenmarmelade mit etwas heißem Wasser glatt rühren.

6 Die fertigen Schneemänner auf einem Kuchengitter etwas auskühlen lassen. Dann immer zwei Hälften mit etwas Aprikosen-marmelade zusammenkleben.

7 Die Kokosraspel in einen Suppen-teller geben. Jeden Schneemann mit Aprikosenmarmelade bestreichen und rasch in den Kokosraspeln wälzen. Danach auf einem Kuchen-gitter auskühlen lassen.

8 Den Puderzucker mit einem Spritzer Zitronen-saft zu einer zähen Masse verrühren und damit die Liebesperlen als Augen, Nase, Mund und Knöpfe aufkleben. Trocknen lassen.

◀ Anstatt der Liebesperlen kann man auch etwas Marzipan-Rohmasse mit Puderzucker verkneten und in verschiedenen Farben einfärben. Dann kleine Kugeln daraus formen und sie auf die gleiche Weise anbringen.

Die dritte Adventswoche

Weihnachten rückt immer näher,
und damit die Zeit des Wartens
nicht so lang wird, gibt es jetzt viele Spiele
für drinnen und eine große Weihnachtsrallye
für draußen, die jetzt schon
für den Nachmittag des
Heiligen Abends vorbereitet
werden kann.
Außerdem basteln wir noch Geschenke
und schöne Verpackungen für das Fest.
Eine Weihnachtskrippe, die man
ganz einfach selbst machen kann,
darf natürlich auch nicht fehlen.
Das Material dafür findet man
bei einem gemeinsamen
Winterspaziergang.
Dazu kommen noch Geschichten,
bei denen es um Freundschaft
geht, und darum, wie wir denen
eine Freude machen können,
die an Weihnachten krank sind.

Alle Jahre wieder

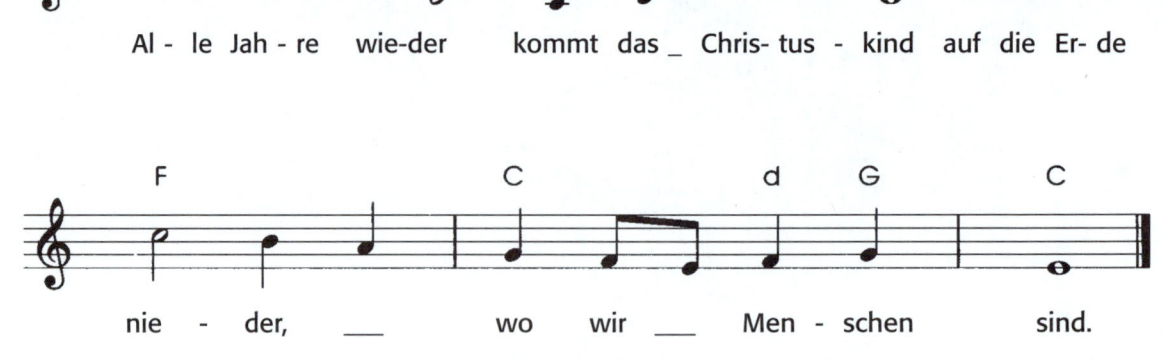

C   F   C   G   a   F   C   G   C   F C

Al - le Jah - re wie-der kommt das _ Chris- tus - kind auf die Er- de

F   C   d   G   C

nie - der, __ wo wir __ Men - schen sind.

2 Kehrt mit seinem Segen ein in jedes Haus,
geht auf allen Wegen mit uns ein und aus.

3 Steht auch mir zur Seite, still und unerkannt,
dass es treu mich leite an der lieben Hand.

Ein Engel aus Schnee ...

Wenn der erste Schnee fällt, stehen bald überall die Schneemänner in den Wiesen, aber dieser Engel ist bestimmt einzigartig.

Für diesen Engel braucht man: natürlich jede Menge Pappschnee, 4 größere Tannenzweige, 3–4 Packungen goldenes Lametta, 2 Grillkohlen (vom letzten Sommer übrig) oder Walnüsse, ein paar rote Beeren, z. B. Hagebutten.

Zunächst wird der Körper aus Schnee geformt. Dazu rollt man einen größeren Schneeball so lange im Schnee, bis er einen Durchmesser von etwa 75 cm hat. Dann wird diese Kugel zum Kegel geformt. Auf diesen kommt der Kopf des Engels, der wiederum aus einer gerollten Schneekugel von etwa 25 cm besteht.

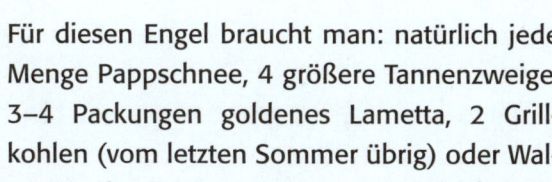

Jetzt werden die Tannenzweige in den Körper gesteckt, und zwar soll auf jeder Seite einer von beiden nach oben zeigen und einer nach unten. Sie bilden das Gerüst für die Flügel. Mit vielen goldenen Lamettafäden werden diese Flügel nun vergoldet.

Die Haare des Engels bestehen ebenfalls aus goldenen Lamettafäden, die Augen werden aus Grillkohlen oder Walnüssen gebildet, die Nase aus einer roten Beere und der Mund aus einer Reihe Beeren.

Wichtig: Nachdem der Schnee geschmolzen ist, muss das Lametta auf jeden Fall eingesammelt und ordnungsgemäß entsorgt werden.

Fritzchen und der Weihnachtswunsch

Heute ist Weihnachten. Fritzchen, der Fuchs, versucht eifrig, seiner Mutter beim Auspacken der geheimnisvollen Schachteln zu helfen, die schon vor ein paar Tagen aus dem Keller geholt wurden und seitdem im Gang stehen.

Manche von ihnen sind ganz alt und verstaubt, und andere sehen so aus, als seien sie gerade erst aus dem Geschäft gekommen.

Aber immer, wenn es ihm gerade gelingt, das Raschelpapier aus der Kiste zu ziehen, um wenigstens einen kleinen Blick hineinzuwerfen, stupst ihn die Mutter beiseite.

„Geh, Fritzchen, nimm die Finger weg", sagt sie streng. „Vor Weihnachten darf man nicht so neugierig sein."

„Ach Mama", bittet Fritzchen, „lass mich doch auch mal gucken …"

„Gucken tut man mit den Augen, Fritzchen, nicht mit den Händen. Und jetzt schlage ich vor, du gehst noch ein bisschen raus zum Spielen, bis ich hier mit allen Vorbereitungen fertig bin."

Fritzchen zieht einen Flunsch. „Ich kann dir doch helfen, Mama", schlägt er vor.

Er hofft, dass sie sich doch noch umstimmen lässt. Denn erstens ist er sicher, dass es in den Wunderkisten viele tolle Sachen zu entdecken gibt, und zweitens hat er gar keine Lust, alleine zum Spielen zu gehen. Denn seit sein Bruder nicht mehr da ist, muss Fritzchen oft alleine spielen. Sein Bruder war in einen anderen Wald gezogen und hatte dort eine eigene Familie gegründet.

Aber die Mutter bleibt dabei. „Schau doch mal, ob du das Christkind draußen findest", schlägt sie vor.

„Das kann man doch gar nicht sehen!", brummelt Fritzchen, als er sich seinen Schal umbindet. Den blauen Schal mit den weißen Streifen mag er sehr, den hat er nämlich letztes Jahr zu Weihnachten bekommen.

Als er die Haustür hinter sich zumacht und in den weißen Winterwald stapft, seufzt er: „Sogar heute muss ich alleine spielen, wo doch Weihnachten ist."

Grummelnd und brummelnd tapst er durch den Schnee. Da sieht er auf einmal zwei Hasen, die miteinander spielen.

„Die haben es gut", denkt er, „die haben sich, und ich bin immer so allein." Einen Moment überlegt er, ob sie ihn wohl mitspielen lassen würden. Aber wahrscheinlich hätten sie nur Angst vor ihm und würden ganz schnell davonrennen. Und zum Jagen hat Fritzchen heute keine Lust.

„Alle haben einen Freund, nur ich nicht", schnieft er traurig vor sich hin.

So tapst er immer weiter durch den Wald, bis er zu seiner Lieblings-Lichtung kommt. Mit schwerem Herzen lässt er sich auf die alte knorrige Baumwurzel plumpsen und seufzt. Dann stützt er den Kopf auf seine Pfote und denkt nach.

„Immer bin ich allein … Ach, wenn ich doch nur einen Freund hätte", denkt er und sieht sich um. Aber außer den tanzenden Schneeflocken ist niemand zu sehen.

Da setzt sich auf einmal eine dieser Flocken ganz frech mitten auf seine Nase.

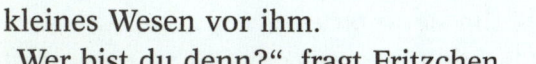

„Pfuuuhhhhh!!", schnaubt Fritzchen, denn die Schneeflocke kitzelt ihn.

Aber die Schneeflocke fliegt nur in die Luft, schlägt einen Salto und setzt sich dann wieder auf seine Nase.

„Pfuuuuhhhh!!!", macht Fritzchen noch einmal.

Als er sich kräftig schüttelt, um die lästige Schneeflocke endlich loszuwerden, hört er eine Stimme: „Hej, nicht so stürmisch! Da wird mir ja ganz schwindlig!" Vor lauter Schreck fällt Fritzchen rückwärts von seiner Wurzel in den Schnee.

„???" Erschrocken sieht er sich um. Nichts zu sehen.

Da schwebt von oben auf einmal die große Schneeflocke wieder herab, und in einem Licht erscheint ein kleines Wesen vor ihm.

„Wer bist du denn?", fragt Fritzchen.

„Ich bin das Christkind!"

„Das Christkind?", staunt Fritzchen. „Ich dachte immer, das Christkind kann man nicht sehen?"

„Heute schon, heute ist doch Weihnachten. Du darfst dir sogar etwas wünschen", verkündet das Christkind.

„Hm, einen Wunsch hätte ich schon ... ich wünsche mir einen Freund."

Das Christkind nickt feierlich: „Dein Wunsch wird dir erfüllt!" Und mit einem „Fröhliche Weihnachten, Fritzchen" verschwindet es wieder in einer Schneeflocke und ist nicht mehr zu sehen.

Fritzchen wartet gespannt. Nichts passiert. Und bevor er vollkommen eingeschneit ist, steht er auf und brummelt: „Nicht mal auf das Versprechen vom Christkind kann man sich verlassen ..."

Einsam und traurig läuft er wieder durch den Wald. Auf einmal trifft ihn ein Schneeball.

„Oh, Verzeihung", hört er eine Stimme. Er dreht sich erstaunt um und sieht einen Dachs, der verzweifelt versucht, großen Schneebällen zu entkommen, die auf ihn herunterfallen.

„Oioioioioioi", ruft der Dachs, dann trifft Fritzchen schon wieder ein Schneeball. Fritzchen schüttelt sich den Schnee aus dem Fell und guckt fasziniert zu.

„**S**ag mal", fragt er nach einer Weile, „was machst du da eigentlich?"

„Ich spihiihiihiieeeelleeeee ...", sagt der Dachs, dann fallen auch schon alle Schneebälle gleichzeitig herunter.

„Hallo, ich bin Dani, der Dachs, und wer bist du?"

„Fritzchen", sagt Fritzchen, „was spielst du denn?"

„Ich jongliere!", erwidert Dani ganz stolz. „Ich werfe viele Bälle hoch und fange sie wieder auf. So kann ich auch alleine Ball spielen."

Fritzchen staunt immer noch. Dann fragt er: „Darf ich das auch mal probieren?"

„Klar!", sagt Dani. „Du musst zuerst ein paar Schneebälle machen. Aber sie müssen schön fest sein."

Fritzchen nickt. Er nimmt etwas Schnee und macht drei Schneebälle daraus. Dann wirft er sie in die Luft. Aber so schnell, wie sie wieder herunterkommen, kann er sie gar nicht fangen.

Dani zeigt ihm, wie er es macht: „Also, du nimmst erst einmal zwei Schneebälle und wirfst sie hoch. Dann fängst du jeden wieder auf, aber immer mit der anderen Hand. Schau, so!"

Geschickt wirft Dani die Bälle hoch und fängt sie wieder. „Das ist ja ganz einfach", denkt Fritzchen.

Als er eine Weile geübt hat, sagt Dani: „Gut, und jetzt machen wir es mit drei Bällen. Den ersten wirfst du hoch, und dann machst du es genauso wie vorher. Schau!"

Bei Dani sieht es sehr leicht aus, und so macht sich auch Fritzchen daran, es zu versuchen.

„Den ersten wirfst du hoch", wiederholt er und wirft den ersten Schneeball hoch, und dann macht er es genauso wie vorher. Doch schon liegt der erste Schneeball wieder am Boden. Aber nach einer

Weile Üben weiß er, wie es geht. Dani hat schon vier Bälle in der Luft, und Fritzchen versucht es auch. Immer mehr und mehr Bälle werden es, und Fritzchen hat schon ganz rote Backen vor Begeisterung. Und weil sie beide nur nach oben gucken, um die Bälle aufzufangen, merken sie gar nicht, dass sie sich immer näher kommen.

„Oioioioioioioi", ruft Dani, als er wieder einmal versucht, die Bälle rechtzeitig aufzufangen, und Fritzchen schreit: „Aaachtunggg!"

Da stoßen die beiden auch schon zusammen, fallen in den weichen Schnee und werden von den herunterfallenden Schneebällen begraben. Lachend und prustend befreien sie sich aus dem Schnee.

„Und was spielen wir jetzt?", fragt Dani. „Komm, wir spielen Verstecken!", schlägt Fritzchen vor. „Du musst zuerst suchen!" Also versteckt sich Fritzchen hinter einem Baum, während Dani sich die Augen zuhält und bis zehn zählt. Schnell hat er Fritzchen gefunden, denn seine Fußspuren waren im Schnee gut zu sehen. Danach sucht Fritzchen Dani. Der hat sich unter einer Wurzel versteckt, und Fritzchen muss eine ganze Weile suchen, bis er ihn entdeckt hat.

Dann laufen sie gemeinsam ein Stück, und als sie einen Hügel sehen, legt sich Dani auf den Rücken und rutscht mit einem lauten „Hurra!" den Hügel hinunter. „Das kann ich auch!", ruft Fritzchen und hat Dani bald eingeholt. Schnell laufen sie wieder nach oben. Immer neue, lustige Ideen haben sie, wie sie den Hügel noch herunterrutschen können.

Als sie beide japsend und mit roten Backen vom Spielen müde sind, gehen sie nach Hause. Aber natürlich treffen sie sich morgen wieder. Das haben sie sich ganz fest versprochen.

Als Fritzchen endlich nach Hause kommt, hat er schon fast vergessen, dass heute Weihnachten ist. Zuerst gibt es das Weihnachtsessen. Da fragt die Mutter neugierig: „Na, Fritzchen, hast du das Christkind denn gesehen?"

„Ja", sagt Fritzchen, „als ich im Wald ganz alleine war, habe ich es gesehen. Es hat gesagt, ich darf mir etwas wünschen, und da habe ich mir einen Freund gewünscht. Ja, und dann habe ich Dani getroffen, und wir haben zusammen gespielt. Er hat mir Jonglieren beigebracht."

„Wer ist denn Dani?", fragt die Mutter erstaunt.

„Dani? Dani ist mein Freund!", antwortet Fritzchen stolz.

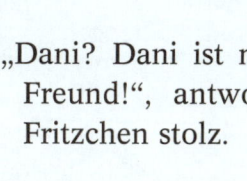

Christkind

Dieses Christkind verschwindet bestimmt nicht einfach
wie bei Fritzchen, wenn man die Augen einmal zumacht.
Vielleicht erfüllt es aber auch geheime Wünsche?

Material

- festes weißes Zeichen-
  papier
- Buntstifte
- Watte
- Klebstoff

Für die Flügel:

- Zeichen- oder Seiden-
  papier oder Goldfolie
  oder Pergamentpapier
- evtl. Klebesternchen oder
  Goldglitter
- Faden zum Aufhängen

1 Von der Vorlage auf der rechten Seite überträgt
man die Form auf das Zeichenpapier und
schneidet die Figur aus. Das Gesicht mit
Farbstiften anmalen.

2 Aus dem gleichen Papier ein Rechteck von
21 x 15 cm ausschneiden und ziehharmonikaartig
auf 1 cm Breite falzen (s. Seite 54/55).

3 Die Figur an den vorgesehenen Stellen etwa 1,3 cm
breit einschneiden und den gefalzten Papierstreifen
durchziehen.

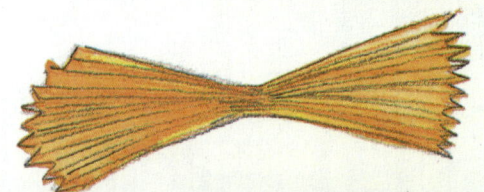

4 Dann auf beiden Seiten das Papier auseinander ziehen, so dass Flügel entstehen.

5 Etwas Watte für die Haare zurechtzupfen – es können auch ein paar hellbraune Wollfäden sein – und mit etwas Klebstoff (auf das Papier geben!) befestigen.

6 Jetzt kann das Kleid des Christkinds noch mit Klebesternchen oder mit Goldglitter verziert werden.

7 Zum Schluss wird am Kopf noch ein Faden durchgezogen und festgeknotet. So kann das Christkind aufgehängt werden.

8 Als Variante kann für die Flügel statt des weißen Papiers auch Seidenpapier, Goldfolie oder Pergamentpapier verwendet werden.

Am Weihnachtsbaum sehen auch mehrere Christkinder schön aus, wenn sie in unterschiedlicher Höhe an den Zweigen hängen.

Leise rieselt der Schnee

G   e   a   D   G   C   G

Lei - se   rie - selt der   Schnee, still und   starr ruht der   See,

a   D   a0   e   a

weih - nacht - lich   glän - zet   der   Wald,   freu - e   dich,

D   G

s' Christ - kind   kommt   bald!

2 In dem Herzen ist's warm,
still schweigt Kummer und Harm,
Sorge des Lebens verhallt:
Freue dich, s'Christkind kommt bald!

3 Bald ist heilige Nacht,
Chor der Engel erwacht,
hört nur, wie lieblich es schallt:
Freue dich, s'Christkind kommt bald!

Wenn es Winter wird

Der See hat eine Haut bekommen,
So dass man fast drauf gehen kann,
Und kommt ein großer Fisch geschwommen,
So stößt er mit der Nase an.

Und nimmst du einen Kieselstein
Und wirfst ihn drauf, so macht es klirr
Und titscher – titscher – titscher – dirr ...
Heißa, du lustiger Kieselstein!

Er zwitschert wie ein Vögelein
Und tut grad wie ein Schwälblein fliegen.
Doch endlich bleibt mein Kieselstein
Ganz weit, ganz weit auf dem See draußen liegen.

Da kommen die Fische haufenweis
Und schaun durch das klare Fenster von Eis
Und denken, der Stein wär' etwas zum Essen.
Doch so sehr sie die Nase ans Eis auch pressen,
Das Eis ist zu dick, das Eis ist zu alt,
Sie machen sich nur die Nasen kalt.

Aber bald, aber bald
Werden wir selbst auf eignen Sohlen
Hinausgehen können und den Stein wieder holen.

Christian Morgenstern

◄ In solchen Pralinenmanschetten, die in vielen Geschäften erhältlich sind, sehen die Puderzuckerfondants besonders hübsch aus.

Schneebälle und Puderzucker

Aus Pulverschnee sind diese Leckereien nicht, aber sie schmecken köstlich, nicht nur beim Vorlesen der Geschichte …

Schneebälle

Zutaten Schneebälle

- 200 g Nussnugat
- 1 Päck. Vanillezucker
- 1 TL Orangenblüten- oder Rosenwasser
- 25 ganze abgezogene oder 50 g gehackte Mandeln
- etwas Puderzucker
- 150 g weiße Kuvertüre
- 75 g Kokosraspel
- Pralinenmanschetten

1 Das Nugat wird im Wasserbad (s. Seite 30) erwärmt, bis es weich und geschmeidig ist.

2 Der Vanillezucker und das Orangenblüten- oder Rosenwasser wird unter das Nugat gerührt. Jetzt lässt man die Masse so weit abkühlen, dass sie noch weich, aber nicht mehr heiß ist.

3 Die Nugatmasse wird in 25 Stücke aufgeteilt und jedes zu einer Kugel geformt. Dazu die Hände vorher mit Puderzucker einstäuben. In die Mitte jeder Kugel wird eine ganze Mandel gedrückt. Verwendet man gehackte Mandeln, können diese auch unter die Nugatmasse geknetet werden. Danach die Kugeln kalt stellen.

4 Die weiße Kuvertüre auflösen und die Kokosraspeln in einen Suppenteller geben. Mit einer Gabel taucht man die Kugeln nun einzeln in die Kuvertüre und wälzt sie danach gleich in den Kokosraspeln. In Pralinenmanschetten setzen und kühl aufbewahren.

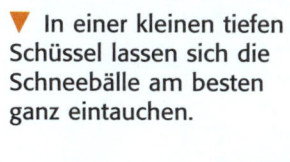

▼ In einer kleinen tiefen Schüssel lassen sich die Schneebälle am besten ganz eintauchen.

Puderzuckerfondant

1 Den Puderzucker durch ein feines Sieb geben und etwa 50 g beiseite stellen. Die übrige Menge in eine Schüssel geben und in die Mitte eine Mulde drücken. Erst den Zitronensaft und das Aroma hineingeben und unterrühren. Dann das leicht verquirlte Eiweiß dazugeben und ebenfalls unter den Zucker arbeiten.

2 Nun die Masse vorsichtig (zuerst nur 1 Tropfen – die Farbe ist sehr intensiv) mit der Speisefarbe einfärben.

3 Wenn die Masse glatt und fest ist, auf der mit Puderzucker besiebten Arbeitsfläche verteilen und mit Puderzucker übersieben. Etwa fingerdick ausrollen und mit kleinen Förmchen verschiedene Figuren ausstechen. Über Nacht trocknen lassen und in Pralinenmanschetten verpacken.

Zutaten Puderzuckerfondant

- 500 g Puderzucker
- 2 TL Zitronensaft
- Aroma nach Wunsch (ein paar Tropfen genügen)
- 1 Eiweiß
- Speisefarben nach Wunsch

Sollen aus derselben Masse unterschiedlich gefärbte Fondants mit anderem Aroma entstehen, muss die Masse zuerst geteilt werden.

► Vorschläge für Farbe und Aroma: Grün und Pfefferminzöl. Orange (Gelb + Rot) mit Orangenblütenöl. Weiß mit Vanilleextrakt. Für Braun wird Kakao mit Puderzucker vermischt und der Zitronensaft durch Wasser ersetzt. Für Rosa den Zitronensaft durch Himbeersirup ersetzen. (Nur natürliche Öle verwenden!)

▶ Je mehr Figuren an der großen Wolke hängen, desto stabiler muss sie sein.

Winterwald-Wolkenbilder

Sind es Federwolken, die am Himmel ziehen oder ist es ein Fensterbild? Und was kann man alles darin sehen ... Rehe, Bären, Elefanten und vielleicht sogar das Christkind?

Material

- Watte
- Klebstoff
- festes weißes Papier
- weißes Seiden- oder Transparentpapier
- Nähfaden und -nadel
- Filzstifte
- evtl. Klebstreifen
- Goldglitzerpulver
- Haarspray

1 Zunächst wird eine große Wolke gebastelt. Diese kann man aus mehreren kleinen Wolken zurechtzupfen, die mit wenigen Stichen zusammengenäht werden. Stabiler wird die Wolke jedoch, wenn man ihr ein „Gerüst" aus festem Papier gibt, das man oval ausschneidet und dann mit viel Watte beklebt, so dass am Ende von ihm nichts mehr zu sehen ist.

2 Für die Wölkchen wird die Watte zu kleinen Bällchen gezupft. Mit Wattepads werden sie besonders rund. Dann werden sie mit verschieden langen Fäden an die große Wolke gehängt.

3 Für die Figuren werden aus dem Seidenpapier kleine Knäuel geformt, die an Gesichter erinnern. Augen und Mund können mit den Filzstiften aufgemalt werden.

4 Arme oder Beine werden aus Papierstreifen, die erst ein wenig zusammengedrückt und danach wieder glatt gestrichen werden, hergestellt. So kann man auch dem Christkind ein Paar federleichte Flügel geben.

5 Die Körper werden aus Watte zurechtgezupft. Dann werden die Papierteile an den Stellen, an denen sie an der Watte befestigt werden, mit Klebstoff eingestrichen und danach auf der Watte festgedrückt. (Nicht umgekehrt, sonst bleibt die Watte am Klebstoff hängen.)

6 Die fertigen Figuren werden mit einem Faden an der Wolke befestigt. Dafür zieht man den Faden mit der Nadel durch den Körper oder den Kopf und knotet ihn an beiden Enden fest.

7 Zum Schluss bekommt das Christkind noch einen goldenen Schimmer. Dafür sprüht man es kurz mit Haarspray ein und streut dann etwas von dem goldenen Glitzerpulver darüber.

Hängt man die große Wolke mit den tanzenden Figuren ans Fenster oder an die Decke, werden die Figuren nachts vielleicht lebendig?

87

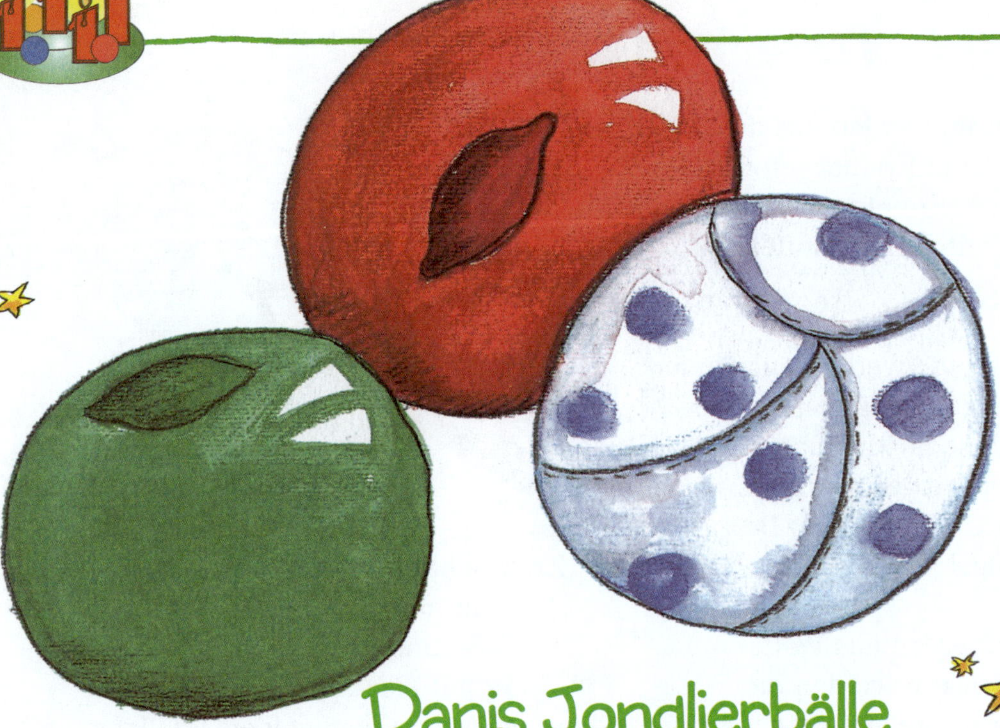

Danis Jonglierbälle

Dani hat Fritzchen das Jonglieren zwar mit Schneebällen beigebracht, aber im Haus eignen sich diese Bälle sicher besser. Sie halten auch länger.

Luftballon-Bälle

Material Luftballon-Bälle

Für einen Ball:
- 1 kleiner Butterbrotbeutel aus Plastik
- etwas Zauberwatte oder Popcorn
- 2 Luftballons

1 Die Jonglierbälle für Kinder sollten nicht zu schwer und nicht zu groß sein, damit sie sich auch gut fangen lassen. Für ältere Kinder können diese Bälle auch mit Sand oder Reis gefüllt werden.

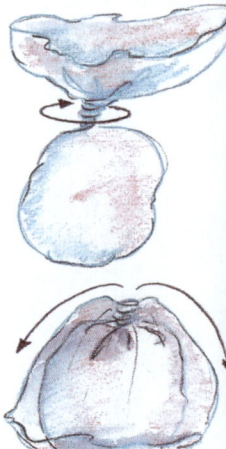

2 In den Butterbrotbeutel wird sehr fest die Zauberwatte gestopft. Das Knäuel sollte nicht größer als ein Tennisball sein, eher etwas kleiner. Dann wird der Plastikbeutel zugedreht und über die Wattekugel gestülpt.

3 Von den Luftballons werden die Hälse abgeschnitten. Der erste Luftballon wird über den Plastikbeutelball gestülpt, so dass er glatt aufsitzt, danach wird der zweite so darüber gestülpt, dass die Öffnung des ersten verschlossen wird. Fertig!

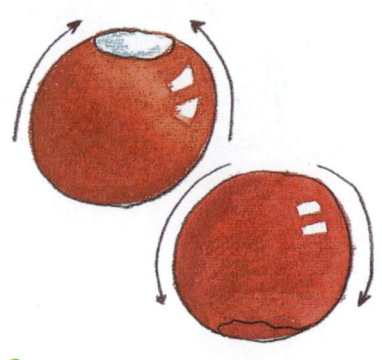

Handgenähte Bälle

1 Für die zweite Variante, die etwas aufwändiger ist, benötigt man für einen Ball vier Stoffteile in Form der Vorlagenform unten.

2 Am einfachsten geht es, wenn man die Vorlage (s. unten) auf ein Papier überträgt, dieses viermal ausschneidet und auf den Stoff legt. Dabei sollte zwischen den Teilen ein Abstand von 2–3 cm eingehalten werden. Die Papiervorlagen werden mit den Stecknadeln auf dem Stoff festgesteckt.

3 Jetzt schneidet man den Stoff rund um die Papiervorlagen mit einer Nahtzugabe von ca. 1 cm (beim Schneiden 1 cm Abstand zum Rand der Vorlage einhalten) aus.

4 Je vier Teile werden mit Nadel und Faden zusammengenäht, so dass eine Kugel entsteht. Beim Nähen sollte man darauf achten, dass die Naht nicht direkt an der Stoffkante liegt, sondern etwa 1 cm davon entfernt, damit sie nicht aufgeht. Oben muss man natürlich eine kleine Öffnung lassen, damit der Ball gefüllt werden kann.

5 Nach dem Füllen wird der Ball verschlossen. Zum Schluss können die Bälle noch mit Stoffmalfarben verziert oder bemalt werden.

Material
Handgenähte Bälle

- weißer Trikotstoff oder altes weißes T-Shirt
- Papier
- Nadel und Faden
- Stecknadeln
- Füllwatte, Sand oder Reis
- evtl. Stoffmalfarben

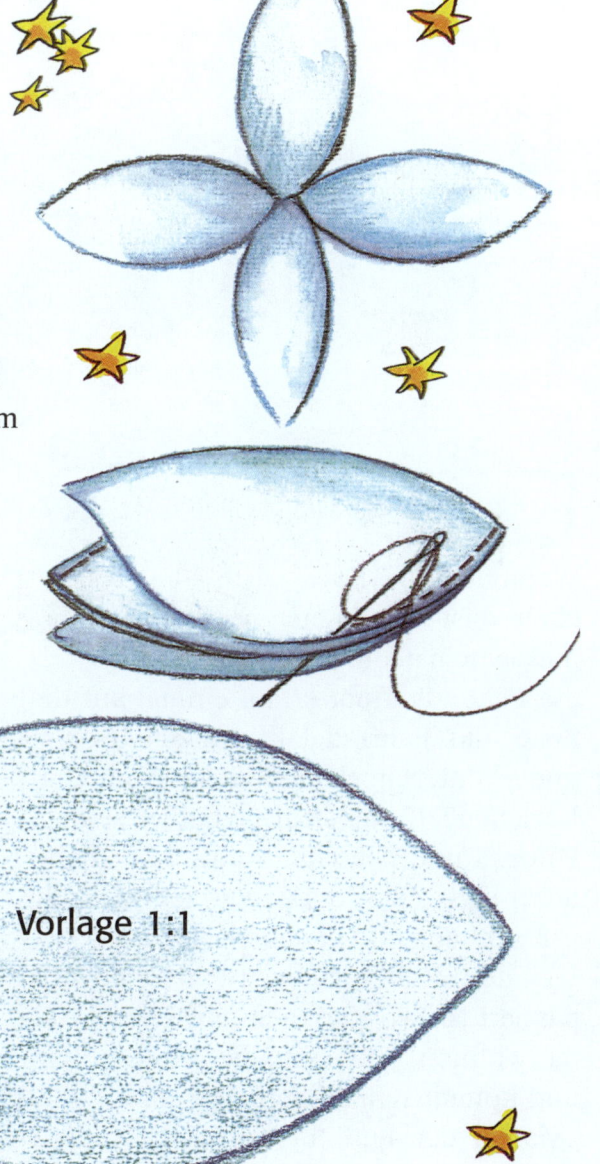

Vorlage 1:1

Weihnachten im Krankenhaus

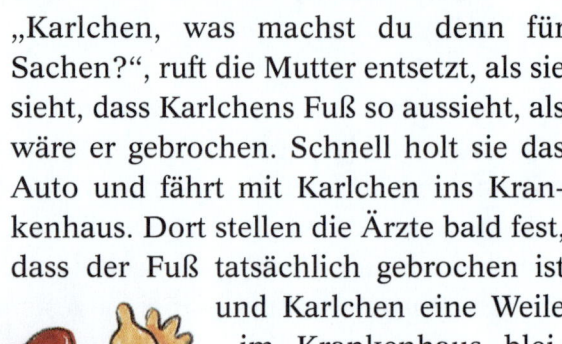

„Karlchen, was machst du denn für Sachen?", ruft die Mutter entsetzt, als sie sieht, dass Karlchens Fuß so aussieht, als wäre er gebrochen. Schnell holt sie das Auto und fährt mit Karlchen ins Krankenhaus. Dort stellen die Ärzte bald fest, dass der Fuß tatsächlich gebrochen ist und Karlchen eine Weile im Krankenhaus bleiben muss.

„Armes Karlchen", sagt die Mutter und streicht ihrem Sohn über den Kopf, als er in seinem Bett liegt und der Fuß in einem dicken weißen Gips ist. „Ausgerechnet so kurz vor Weihnachten musste das passieren!"

Jetzt wird Karlchen Weihnachten wohl im Krankenhaus bleiben müssen. Sabine, Karlchens Schwester, sitzt am nächsten Tag im Kindergarten und macht ein trauriges Gesicht. Ein Geschenk für Weihnachten sollen sie basteln, aber Sabine muss immer an ihren Bruder denken, und dass sie Weihnachten dieses Jahr wohl ohne ihn feiern müssen. Da kullert eine dicke Träne über ihre Backe. Sie seufzt leise vor sich hin. Weihnachten ohne Karlchen stellt sie sich einfach schrecklich vor.

Die Kindergärtnerin macht sich langsam Sorgen. Die ganze Zeit sieht sie Sabine schon traurig auf ihrem Stühlchen sitzen. Und jetzt laufen ihr auch noch Tränen über die Backen. „Sag mal, was hast du denn heute?", fragt die Kindergärtnerin. „Warum bist du denn so traurig?"

Es ist kurz vor Weihnachten. Karlchen düst wie immer mit seinem Fahrrad um die Ecke, da kippt er auf einmal auf die Seite, das Fahrrad fällt auf den Boden und schlittert noch ein Stück weiter. Und Karlchen? Karlchen liegt neben seinem Fahrrad und bekommt keine Luft mehr. Sein Fuß sieht irgendwie merkwürdig verdreht aus und er schreit: „Mama!"

Weil der Unfall nicht weit von dem Haus passiert ist, wo Karlchen und seine Mutter wohnen, hört ihn die Mutter bald und kommt schnell herbeigerannt.

„Mama, der Fuß tut so weh!", schreit Karlchen. „Auuuuuuuuu!"

„Weil … weil …", schnieft Sabine, „mein Bruder, der ist nämlich gestern mit dem Fahrrad gefahren und dann ist er hingefallen, weil es glatt war, und jetzt ist er im Krankenhaus."

„Oje, ist ihm denn etwas Schlimmes passiert?", fragt die Kindergärtnerin erschrocken. Sie kennt Karlchen, denn als er noch kleiner war, war er auch im Kindergarten, wie Sabine jetzt.

„Den Fuß gebrochen hat er, und jetzt hat er einen Gips", erzählt Sabine. „Aber das ist nicht so schlimm. Aber jetzt ist er an Weihnachten nicht da, und ich bin Weihnachten ganz allein …"

Wieder kullern Sabine die Tränen über die Backen.

„Kannst du denn deinen Bruder an Weihnachten nicht besuchen?", fragt die Kindergärtnerin.

„Hm, ich weiß nicht", schnieft Sabine. Dann nimmt sie ihr Taschentuch und trocknet sich die Tränen von der Backe. „Ich weiß nicht, ob das geht."

„Weißt du was", sagt die Kindergärtnerin, „wenn deine Eltern heute nachmittag kommen, fragen wir sie einfach, ja?"

„Ja!", sagt Sabine und ein kleines Lächeln huscht schon wieder über ihr Gesicht.

„Und bis dahin bastelst du ein schönes Weihnachtsgeschenk für Karlchen, einverstanden?"

Sabine nickt und fängt gleich an. Am Nachmittag, als die Eltern kommen, um die Kinder vom Kindergarten abzuholen,

spricht die Kindergärtnerin mit Sabines Mutter.

„Ich habe gehört, Karlchen liegt im Krankenhaus und muss auch Weihnachten dort bleiben? Ginge es nicht, dass Sabine ihren Bruder dort besucht?"

Als die anderen Kinder das hören, rufen sie: „Ui ja, wir wollen auch mit!"

Sabines Mutter lacht, und dann sagt sie: „Sicher geht das." Auch die Eltern der anderen Kinder sagen ja.

Am nächsten Tag sind alle Feuer und Flamme. Jeder will ein Geschenk für das arme Karlchen basteln. Sabine bastelt an einem Körbchen für die Weihnachtsplätzchen, die sie ihm mitbringen will.

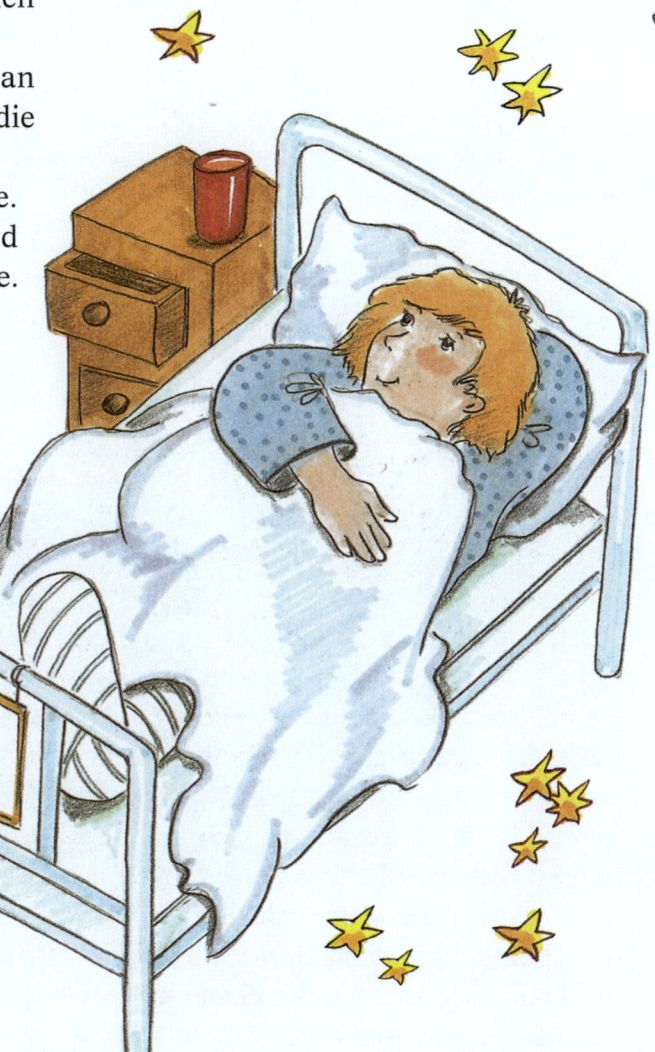

Florian baut ein Schiff für Karlchen. „Das kann auf der Bettdecke fahren", sagt er.

Sebastian hat sich etwas Besonderes ausgedacht. Er bastelt mit der Kindergärtnerin zusammen einen Stern. „Den kann Karlchen ans Fenster hängen. Dann scheint das goldene Licht ins Zimmer, und Karlchen kann gar nicht mehr traurig sein."

Christine bastelt aus Servietten eine duftende Blume. „Da tun wir dann noch ein paar Tropfen von Frau Maurers", so heißt nämlich Karlchens Mutter, „Parfüm drauf, und dann fühlt sich Karlchen gar nicht mehr allein", erzählt sie stolz.

Wolfgang bastelt eine Weihnachtskarte für die guten Wünsche, und Simone bemalt eine Tasse für Karlchens Lieblingskakao mit bunten Farben.

Birgit darf alles einpacken und große Schleifen um die Päckchen binden. Als die Geschenke schön verpackt sind, machen sie sich alle gemeinsam auf den Weg zu Karlchen ins Krankenhaus. Sabine, Christine und Sebastian fahren bei Karlchens Mutter im Auto mit, Wolfgang, Simone, Birgit und Florian bei Wolfgangs Mutter.

„Psst, ganz leise, die Kranken brauchen Ruhe", werden die Kinder ermahnt, als sie im Krankenhaus angekommen sind. Leise schleichen sie den Gang entlang, bis sie zu Karlchens Zimmer kommen. Sabine klopft leise an die Tür. Florian und Sebastian wollen schon anfangen zu kichern, aber die Mutter flüstert: „Psst!" Karlchen denkt, es ist sicher wieder nur die Krankenschwester, die Fieber messen oder das Kopfkissen aufschütteln will.

Doch da geht die Tür auf und herein kommt seine Schwester Sabine.
„Das ist aber eine Überraschung!", ruft er und freut sich.
Sabine hat sogar ein Geschenk dabei. Das kann Karlchen schon von seinem Bett aus sehen. Aber wer ist denn das? Da kommt ja noch jemand?
„Hallo Karlchen! Wie geht es dir? Fröhliche Weihnachten!", rufen sie.

Und herein stürmen Florian und Birgit, Sebastian und Wolfgang, Christine und Simone. Und ganz zum Schluss auch noch die Mama.
Alle haben sie ein selbst gebasteltes Geschenk für Karlchen mitgebracht. Da strahlt er und kann gar nichts sagen, vor lauter Überraschung.
„Wir wollten dich besuchen, damit du an Weihnachten nicht so alleine bist", sagt Wolfgang. Dann muss Karlchen erst einmal erzählen, wie es kam, dass er jetzt an Weihnachten hier im Krankenhaus liegen muss.

„… und da hab ich mir den Fuß gebrochen und es hat scheußlich wehgetan. Aber jetzt tut es gar nicht mehr weh. – Was habt ihr denn da mitgebracht, ist das für mich?", fragt er dann neugierig.
Zuerst gibt ihm Sabine ihr Päckchen. Karlchen zieht das Papier zur Seite und heraus kommt ein Körbchen mit seinen Lieblings-Weihnachtsplätzchen. „Hm, da muss ich gleich eins versuchen!", ruft Karlchen begeistert. Dann gibt ihm Florian das Päckchen mit dem Schiff. Schon fährt es die Wellenberge auf der Bettdecke auf und ab.
Sebastian hängt mit Frau Maurers Hilfe den Stern ans Fenster und Karlchen sagt: „Ist doch gleich viel schöner hier, fast wie zu Hause."

Jetzt bekommt er noch die kleine Schachtel mit der Duftblume. Als Karlchen sie ausgepackt hat, legt er sie gleich vorsichtig auf seinen Nachttisch. „Damit ich sie immer riechen kann", sagt er. Daneben kommt auch die Karte von Wolfgang und Simones Tasse. „Wenn die Schwester Karin kommt, kann sie den Kakao gleich da hineintun", meint Karlchen begeistert. Endlich sind alle Geschenke ausgepackt. Dann spielen sie alle gemeinsam mit dem Schiff und essen die Plätzchen. Dabei erzählen sie Karlchen lauter lustige Geschichten aus dem Kindergarten.

Schließlich fällt ihnen nichts mehr ein. „Und was machen wir jetzt?", fragt Wolfgang, dem es langweilig ist. „Wir könnten ja Karlchens Gips bemalen", schlägt Simone vor. „Ja, das ist eine gute Idee!" „Da brauchen wir aber einen Stift!!"

Karlchens Mutter hat welche mitgebracht. „Super", freut sich Karlchen, „dann hab ich ein Andenken von euch!" „Ja, aber nur, solange der Gips noch dran ist", lacht Sebastian.

Und gemeinsam machen sie sich ans Werk. Einer malt einen Weihnachtsbaum, ein anderer die Kerzen. Dann kommen noch Kugeln und ein paar Geschenke dazu, und bald hat Karlchen ein wunderschönes Bild auf dem Gips. Dann ist auch schon wieder Zeit zu gehen. Der Nachmittag ist wie im Flug vergangen. Karlchen muss schlafen, damit er bald wieder gesund wird. Der Arzt hat gesagt, er darf bald nach Hause. „Auf Wiedersehen!"

„Gute Besserung, Karlchen!"
„Werd' bald gesund!", rufen die Kinder noch zum Abschied. Frau Maurer umarmt ihren Sohn noch einmal, und Sabine drückt ihm einen dicken Kuss auf die Backe. „Komm bald wieder, ich vermiss' dich so", flüstert sie ihm noch ins Ohr, dann geht die Türe wieder zu und Karlchen ist allein. Aber bald darf er ja nach Hause, und dann können sie noch einmal Weihnachten feiern.

Sabine ist froh, dass sie ihren Bruder an Weihnachten wenigstens ein bisschen gesehen hat. Jetzt kann sie auch zu Hause mit den Eltern alleine feiern.

Karlchen

Weihnachtspäckchen

Verpackungen einmal ganz anders. Wie wäre es mit einem Geschenk als Sternchen oder als Kerze verpackt? Da wird der oder die Beschenkte sicher vor Freude strahlen.

Sternenschachtel

Material

Für den Stern:
- gelbes Tonpapier oder feste Goldfolie
- Schere
- Lineal
- Klebstoff

Für die Kerze:
- rotes Geschenkpapier
- Goldfolie
- schwarzer Filzstift
- Klebstreifen
- Klebstoff
- evtl. kleine längliche Schachtel

1 Zunächst wird die untere Hälfte der Schachtel hergestellt. Dafür wird die Bodenform von Seite 138/139 auf das Tonpapier übertragen und einmal mit und einmal ohne Klebezulagen ausgeschnitten. Die Klebezulagen entsprechend einschneiden und an einem Lineal falten.

2 Zwei Streifen von 44 cm Länge und ca. 3 cm Breite aus dem Tonpapier ausschneiden und einen davon an den Klebelaschen mit Klebstoff fixieren. Dabei wird der Randstreifen zuerst zu einer Zackenspitze geführt, dort passend geknickt und so weiter. Der andere wird nun genauso auf der Innenseite dagegen geklebt, so dass die Klebelaschen dazwischen verschwinden.

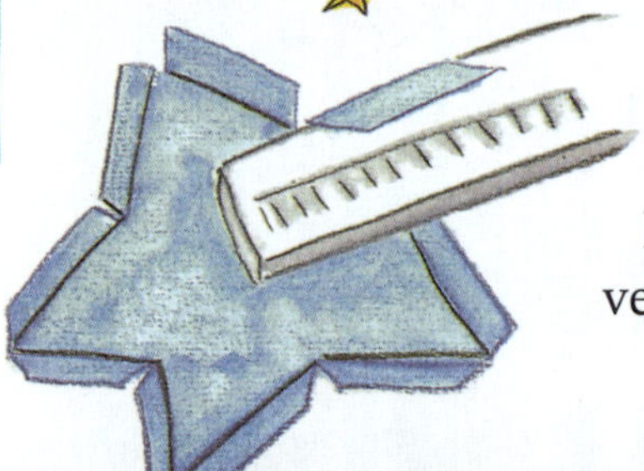

3 Zum Schluss wird die Bodenform ohne die Klebezulagen noch von innen auf den Boden geklebt.

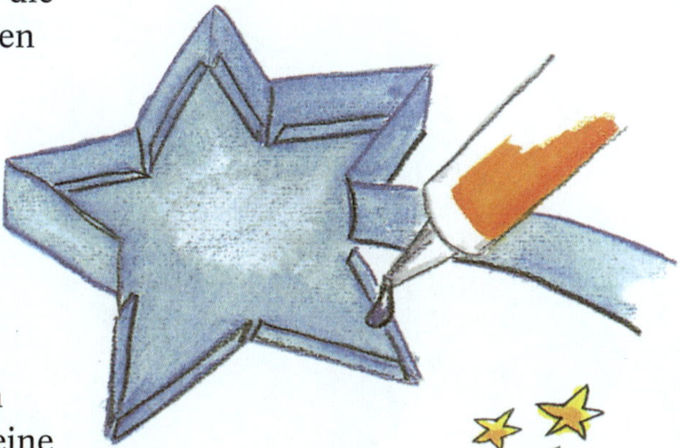

4 Der Deckel des Sterns wird nach dem gleichen Prinzip hergestellt. Er ist ein wenig größer als die Bodenform, damit er gut auf sie passt.

5 Natürlich kann die Schachtel jetzt noch verziert werden. Dabei sind der Fantasie keine Grenzen gesetzt. Kleine Sternchen, Federn, Nüsse oder Gewürze wie Nelken oder Anis können sehr dekorativ aussehen.

Kerzenpäckchen

1 Diese ausgefallene Verpackung ist für längliche Päckchen ideal, aber vielleicht passt Ihr Geschenk ja auch in eine solche Schachtel? Das Papier wird je nach Größe der Schachtel für das Geschenk zurechtgeschnitten. Dann werden die Längsseiten des Papiers zusammengeklebt.

2 Jetzt den auf der Unterseite überstehenden Rand jeweils an den Kanten nach unten falten, zu einer Spitze knicken und – nur bei einer Schmalseite – auf der Unterseite des Geschenks festkleben.

3 An der anderen Schmalseite lässt man die Spitze waagrecht wegstehen. Aus der Goldfolie schneidet man eine Flamme in der Größe der Spitze aus und klebt sie so darauf, dass das Päckchen die Kerze zurFlamme bildet. Zum Schluss mit einem schwarzen Filzstift noch einen Docht aufmalen.

Walnuss-Zaubereien

**Plätzchen für alle und Walnusswürfel
als Geschenk für Mama oder Papa**

Walnuss-Häufchen

**Zutaten
Walnuss-Häufchen**

- 280 g Walnusskerne
- 3 kleine Eier
- 280 g feiner Zucker
- Saft und Schale von
  1/2 Zitrone (unbehandelt)
- Backpapier

1 Die Walnusskerne in der Küchenmaschine oder in einem Mixer mahlen. Da die Nüsse sehr ölhaltig sind, empfiehlt es sich, immer nur kleine Mengen auf einmal zu mahlen.

2 Die ganzen Eier zusammen mit dem Zucker, der Zitronenschale und dem Saft zu einer Schaummasse rühren. Das geht am besten mit einem elektrischen Handrührgerät.

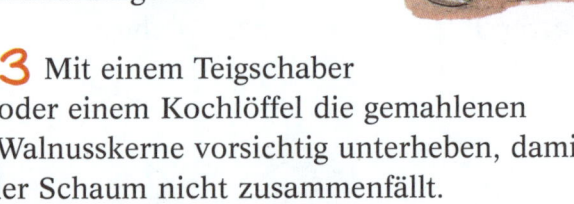

3 Mit einem Teigschaber oder einem Kochlöffel die gemahlenen Walnusskerne vorsichtig unterheben, damit der Schaum nicht zusammenfällt.

4 Den Backofen auf etwa 160 Grad vorheizen.

5 Mit zwei Teelöffeln kleine Häufchen von dieser Masse auf ein mit Backpapier belegtes Backblech setzen. Die Plätzchen in 10–15 Minuten hellbraun backen.

Walnusswürfel

1 Die Walnusskerne im Mixer oder in der Küchenmaschine mahlen und mit der Hälfte des Puderzuckers gut vermischen.

2 Die Schokolade in kleine Stücke brechen und im Wasserbad (s. Seite 30) zum Schmelzen bringen.

3 Die Sahne unterrühren und den Topf aus dem Wasserbad nehmen.

4 Das Eiweiß mit dem Salz zu einer schnittfesten Masse schlagen, dann nach und nach den restlichen Puderzucker einrieseln lassen und weiterschlagen. Sobald die Masse fest und glänzend ist, die Walnuss-Zucker-Mischung locker, aber gründlich unterheben. Die Schokoladensahne ebenfalls untermischen.

5 Eine Platte mit Aluminiumfolie auslegen, die Walnussmasse etwa 2 cm dick darauf verstreichen und die Ränder der Alufolie hochfalzen. Im Kühlschrank völlig fest werden lassen, dann in 2 cm große Würfel schneiden und einzeln in Pralinen-manschetten setzen.

Tipp Die Walnusswürfel sollten immer kühl, aber vor allem auch nicht zu lange aufbewahrt werden (nur einige Tage!).

Zutaten Walnusswürfel
- 125 g Walnusskerne
- 130 g Puderzucker
- 250 g Zartbitter-Schokolade
- 4 EL Sahne
- 1 Eiweiß
- 1 Prise Salz
- Aluminiumfolie

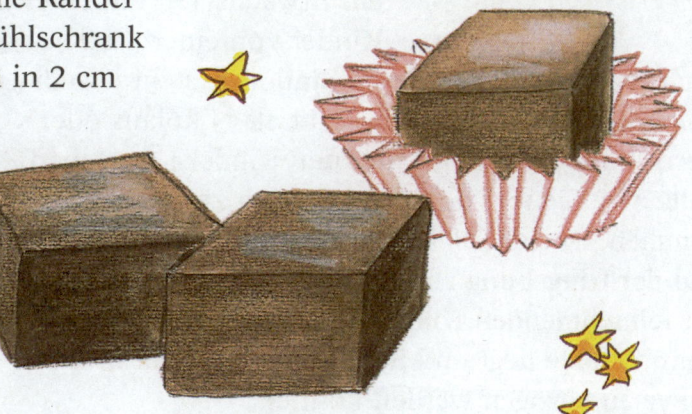

Weihnachts-Rallye

Während in der Wohnung die letzten Vorbereitungen für den Heiligen Abend getroffen werden, vergeht die Zeit des Wartens mit dieser Weihnachts-Rallye wie im Flug.

Material

- Orangen
- Mandarinen
- Walnüsse
- Haselnüsse
- Lebkuchen etc.
- kleine Zettel
- Stift

Damit an Heiligabend auch alles reibungslos funktioniert, sollte man die Rallye gut vorbereiten. Am meisten Spaß macht es, wenn mehrere Kinder und Erwachsene daran teilnehmen. Wie wäre es, wenn Sie Ihre Nachbarn fragen, ob sie nicht auch mitmachen wollen?

Die Grundidee besteht darin, dass sich ein Erwachsener mit einer Gruppe Kinder von einer Station zur nächsten bewegt. An diesen Stationen steht jeweils ein weiterer Erwachsener (vielleicht als Nikolaus oder Christkind verkleidet?), der den Kindern Aufgaben stellt. Wie Sie von der einen Station zur anderen kommen, ist sicherlich zum einen vom Wetter und der Umgebung abhängig, aber auch vom Alter der teilnehmenden Kinder. Natürlich ist es am schönsten, wenn Schnee liegt und Schlittenfahrten mit in die Rallye einbezogen werden können.

Aber auch wenn das Wetter eher grau ist, bleiben noch viele Möglichkeiten: beispielsweise mit dem Rad zu fahren oder spazieren zu gehen, auf einem Bein von einer Station zur anderen hüpfen, oder als Paar, wobei die jeweils inneren Beine der beiden zusammengebunden werden …

Vorbereitung

So bereiten Sie die Zettel vor: Als Beispiel nehmen wir an, die Rallye findet draußen in einem Park oder Waldstück mit einem kleinen Hügel statt. Dann könnte auf dem ersten Zettel, den die Kinder noch an der Haustür bekommen, stehen: Wir gehen 50 Schritte geradeaus, dann 20 Schritte nach links und 10 Schritte nach rechts. Auf dem zweiten könnte stehen: Jetzt nehmen wir den Schlitten und rodeln den Hügel hinunter. Am ersten Baum rechts treffen wir uns wieder. Ob die Zettel an den Stationen ausgegeben werden oder ob Sie die Zettel vorher an markanten Stellen befestigen (Bäume, Zäune, Schilder o. Ä.), bleibt Ihnen überlassen. Im letzteren Fall dauert die Rallye noch etwas länger.

Das kann immer so weitergehen, bis Sie wieder zu Hause angelangt sind.

Mögliche Aufgaben an den Stationen sind: Der Erwachsene an der ersten Station hat einen Sack dabei, in dem Orangen, Mandarinen o. Ä. sind. Er lässt das Kind hineingreifen und ein Stück in die Hand nehmen, ohne es anzusehen. Jetzt muss es beschreiben, was es tastet: Größe, Rauheit der Schale etc. Vielleicht kann es auch erraten, um was für ein Ding es sich handelt. Danach darf es die Frucht oder Nuss oder den Lebkuchen behalten. Auch kleine Spielzeuge eignen sich für diese Aufgabe. Weitere Aufgaben mit dem gleichen Material: z.B. einen Schneeball in der Form des getasteten Gegenstandes machen, den Unterschied zu etwas anderem beschreiben (z.B. Orange ist größer als Mandarine).

Auch solche Aufgaben sind möglich: Ein Weihnachtslied singen. Ein Weihnachtsgedicht aufsagen. Zielwerfen mit Schneebällen in einen Eimer etc., etc. Lassen Sie Ihre Fantasie beim Erfinden neuer Aufgaben spielen und nehmen Sie die nötigen Utensilien dafür mit.

Die Rallye

Wenn es dann losgeht, muss man kleineren Kindern den Text auf den Zetteln natürlich vorlesen, ältere Kinder können dies vielleicht schon selbst. Dann gehen Sie gemeinsam mit ihnen dorthin. Ob die Kinder einzeln verschiedene Aufgaben lösen oder mehrere in kleinen Gruppen gemeinsam, hängt von der Anzahl der Kinder ab, die mitspielen. Wetten, dass so die Zeit bis zur Bescherung ganz schnell vergeht?

▶ Die Anleitung
für die meisten
Figuren dieser
Krippe finden
sich auf der
nächsten Seite.

Weihnachtskrippe

Auf einem gemeinsamen Spaziergang im Winterwald findet man fast alles, was man zum Bau dieser Krippe braucht.

Material

- Schuhkarton-Deckel
- evtl. dünne Styroporplatte
- Frischhaltefolie
- Moos
- kleine Äste oder Zweige
- Kiefern- oder Tannen-zapfen
- Blumendraht
- Pappe
- Goldfolie
- Schere
- Klebstoff
- Bast- oder Wollfäden
- Haselnuss

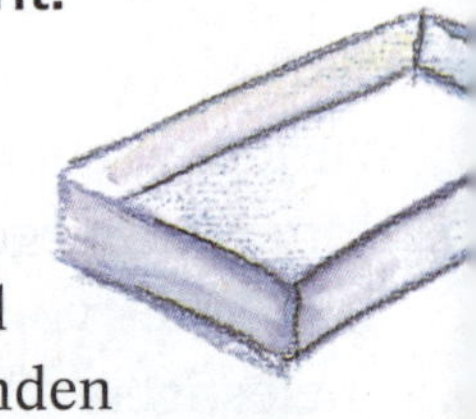

1 Wer mag, kann den Deckel außen mit Goldfolie bekleben. Die Styroporplatte wird nur benötigt, wenn nicht genug Moos zu finden war, damit die Krippe und die Figuren darin festgesteckt werden können. Dann legt man sie zuerst in den Deckel.

2 Auf die Styroporplatte oder direkt in den Deckel legt man Frischhaltefolie und darauf das Moos. Die Stücke sollten dicht aneinander liegen, damit vom Karton nichts mehr zu sehen ist.

◀ Für das Jesuskind werden einige Bast- oder Wollfäden mit etwas Klebstoff in eine leere Walnussschalenhälfte geklebt. Den Kopf bildet eine Haselnuss.

3 Mit dem Bau der Krippe beginnt man am besten an einer Längsseite oder in einer Ecke der Moosfläche. Zunächst werden zwei etwas größere Zweige in einem Abstand von etwa 10 cm in das Moos gesteckt. Dann nimmt man etwas kleinere Zweige und steckt sie abwechselnd von rechts und von links in den Zwischenraum. Sie sollten etwas schräg stehen, wie auf der Zeichnung zu sehen ist. Zum Schluss kann man auch noch ein paar kleine Stückchen Moos dazwischen drücken.

4 Auf die Pappe wird der Stern von der Vorlagenseite 136/137 übertragen. Danach doppelt ausschneiden und mit Goldfolie bekleben.

5 Vor dem Zusammenkleben der beiden Teile nimmt man ein Stück Blumendraht (etwa 8 cm lang) und biegt das eine Ende zu einem kleinen Kreis. Dieser Kreis wird nun zwischen die beiden Sternhälften gelegt und festgeklebt.

6 Nach dem Trocknen kann man den Stern mit dem Ende des Blumendrahts in die Äste stecken, so dass es aussieht, als würde der Stern über der Krippe schweben.

7 Jetzt braucht man nur noch die kleinen Bäume oder Sträucher. Dafür werden die Kiefernzapfen an ihrem Stielansatz mit einem Stück Blumendraht (5 cm) 1–2 Mal umwickelt und dann mit dem anderen Ende des Drahtes in das Moos gesteckt.

▼ Auf die Innenseite einer Sternhälfte wird der Blumendraht gelegt, die ganze Fläche mit Kleber bestrichen und die zweite Hälfte darauf gedrückt, so dass der Draht innen befestigt ist.

► Wenn die Kiefernzapfen noch geschlossen sind, legt man sie kurz auf die Heizung, dann öffnen sie sich.

◄ Wer mag, kann auch Styroporreste zerdrücken und die kleinen Kugeln wie Schnee über die Krippe und die Zapfen streuen.

► Für alle Figuren werden Walnuss-schalenhälften benötigt. Dazu öffnet man die Walnüsse wie auf Seite 32 beschrieben. Den Inhalt kann man für Plätzchen (s. Seite 96/97) aufheben oder beim Basteln essen.

Figuren für die Weihnachtskrippe

Diese Figuren können in die Krippe von Seite 100/101 gestellt werden. Aber natürlich sind sie auch für den Weihnachtsbaum ein ganz besonderer Schmuck.

Material
- Walnüsse
- Acrylfarbe (blau, rot, weiß, schwarz)
- Pinsel
- weiße Pappe oder Zeichen-karton
- Klebstoff
- Blumendraht
- Filz in Rot, Blau und Braun
- Bunt- oder Filzstifte
- Watte
- Wasserfarbe
- Wollfäden

Maria und Josef

1 Zunächst bemalt man für beide Figuren je zwei Walnusshälften. Die für Josef in einem dunklen Rot, die für Maria in einem dunklen Blau. Dabei werden auf je eine Walnusshälfte die Arme aufgemalt, wie die Zeichnung links zeigt.

2 Während die Schalen trocknen, überträgt man von der Vorlagen-seite 136/137 die Umrisse für die Figuren auf den Zeichenkar-ton und schneidet sie aus.

3 Die getrockneten Walnussschalen klebt
man auf die vorgesehenen Stellen, auf der
Rückenseite legt man noch einen Blumendraht dazwischen (s. Zeichnung rechts).

4 Für die Umhänge schneidet man jeweils
ein Stück von etwa 10 x 5,5 cm aus dem
Filz, legt es den Figuren um die Schultern
und klebt die Enden vorne zusammen.

5 Die Gesichter werden mit den Buntstiften
aufgemalt und Haare und vielleicht auch ein
Bart für Josef aus Watte aufgeklebt.

Die Hirten

Die Hirten entstehen auf die gleiche Weise
wie Josef. Nur bekommen sie Mäntel aus
braunem Filz, und auch die Bärte kann man
mit ein paar Tupfern Wasserfarbe dunkel
färben.

Die Schafe

Für die Schafe wird die Figur von
der Vorlagenseite 136/137 auf die Pappe
übertragen und ausgeschnitten. Nach dem
Aufkleben der unbemalten Walnussschalen
bestreicht man diese dünn mit Klebstoff und
drückt kleine Flocken Watte darauf fest.

◄ Mit dem
Blumendraht
werden die
Figuren in das
Moos der Krippe
gesteckt.

◄—— 10 cm ——►

5,5 cm

▲ Esel und
Kuh werden nach dem gleichen Prinzip hergestellt. Die Tiere können noch bemalt und
zwischen die Walnusshälften ein Schwanz
aus geflochtenen Wollfäden geklebt werden.

Die vierte Adventswoche

Jetzt ist Weihnachten nicht mehr weit.
Die letzten Baumanhänger werden noch
gebastelt und Einladungen und Tischkarten
für eine gemeinsame Weihnachtsfeier mit Freunden,
Nachbarn oder Verwandten vorbereitet.
Um den Kindern die Zeit des Wartens zu verkürzen,
gibt es Spiele mit Nüssen und Mandarinen,
die drinnen gespielt werden können.
Viele Geschichten und Lieder rund
um das Weihnachtswunder verschönern
diese kurze vierte Woche, bis
der Heilige Abend endlich da ist.
Besinnliche Gedichte und
Gebete runden die
Weihnachtszeit ab
und lassen dieses
Weihnachtsfest
unvergesslich werden.

Einladung
zum Weihnachtsessen
am 25.12. um 19.00 Uhr

Stille Nacht, heilige Nacht

Stil - _ le Nacht, hei - li - ge Nacht! Al - les schläft,

ein - sam wacht nur das trau - te, hoch - hei - li - ge Paar.

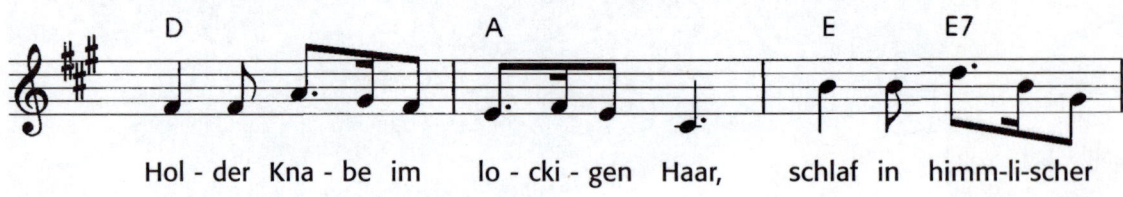

Hol - der Kna - be im lo - cki - gen Haar, schlaf in himm - li-scher

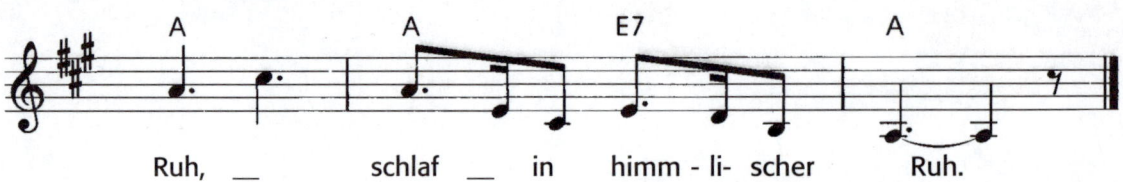

Ruh, _ schlaf _ in himm - li- scher Ruh.

2 Stille Nacht, heilige Nacht,
Hirten erst kund gemacht!
Durch der Engel Halleluja
tönt es laut von fern und nah:
Christ der Retter ist da!

3 Stille Nacht, heilige Nacht!
Gottes Sohn, o wie lacht,
lieb aus deinem göttlichen Mund,
da uns schlägt die rettende Stund,
Christ in deiner Geburt!

Spiele zum Sehen und Tasten

**Für diese Spiele braucht man keine Vorbereitung
und nur ganz wenig Material.**

Da tanzt der Finger?

Jeder zeigt mit dem Finger auf einen bestimmten Gegenstand. Jetzt kneift man das linke Auge zu, ohne den Zeigefinger zu bewegen. Dann das linke Auge wieder öffnen und das rechte zukneifen. Hat sich da etwas bewegt?

Das ist doch ganz leicht!

Verschiedene kleine Gegenstände (Murmeln, Schokoladenstücke o. Ä.) werden auf den Tisch gelegt. Abwechselnd kneift jeder Teilnehmer (oder hält sich) ein Auge zu und versucht einen Gegenstand zu ergreifen. Ganz einfach, oder?

Mit mehreren Kindern oder Teilnehmern zu spielen:

Wer bist denn du?

Ein Kind bekommt die Augen verbunden und bleibt an einer Stelle stehen, während sich die anderen Teilnehmer im Raum verteilen. Jetzt versucht das Kind, nur mit den Händen tastend, die Personen, auf die es trifft, zu erkennen. Dabei kann man ihm helfen, indem man ihm entgegengeht. Aber nicht sprechen!

Zwei Freunde und der Wunschzettel

Wolfgang und Matthias gehen zusammen in die gleiche Klasse. Sie wohnen auch nicht weit voneinander entfernt und gehen deshalb immer zusammen zur Schule. Am Nachmittag spielen sie miteinander. Sie sind beste Freunde.

In der Schule haben sie gerade über Weihnachten gesprochen. Der Lehrer hat ihnen die Weihnachtsgeschichte erzählt, und Matthias hat wieder einmal nicht richtig zugehört. „Immer diese alten Geschichten", denkt er und würde viel lieber wieder mit seinem Computer spielen. Vor der großen Pause sagt der Lehrer: „Bald sind Weihnachtsferien, und nach den Ferien werden wir einen Aufsatz darüber schreiben, was ihr an Weihnachten alles gemacht habt. Also merkt es euch gut."

In der Pause reden alle Kinder durcheinander.

„Was machst du denn an Weihnachten?"

„Ich fahr' zum Skifahren!"

„Wir fahren nach Teneriffa. Da ist es ganz warm und man kann im Meer baden gehen!"

„Ich darf einen Skikurs machen!"

„Wir fahren zu meiner Tante nach Dänemark, die wohnt auch am Meer!"

„Ich werde die ganzen Ferien mit dem Computer spielen, den ich zu Weihnachten bekomme!"

Wolfgang sagt gar nichts. Er weiß noch nicht, was er an Weihnachten machen wird.

Als er nach Hause kommt, erzählt er seinem Vater, dass sie nach Weihnachten einen Aufsatz schreiben sollen, darüber, was sie an Weihnachten gemacht haben.

„Was machen wir an Weihnachten und in den Ferien?", fragt er seinen Vater beim Mittagessen. „Tja Wolfgang, es tut mir sehr leid, aber wir werden an Weihnachten wohl gar nichts machen können. Ich weiß noch nicht mal, ob wir uns dieses Jahr einen Weihnachtsbaum leisten können. Auch die Geschenke werden dieses Jahr wohl ausfallen."

„Ja, aber warum denn?", fragt Wolfgang erstaunt.

„Das ist gar nicht so einfach zu erklären, mein Sohn. Du hast doch sicher schon gemerkt, dass ich in letzter Zeit immer zu Hause bin."

„Ja", nickt Wolfgang, „das ist toll, dass du so viel Zeit für mich hast."

„Ja", sagt der Vater, „aber ich bin deshalb zu Hause, weil ich keine Arbeit mehr habe. Die Firma, in der ich immer gearbeitet habe, hat zugemacht, und jetzt verdiene ich kein Geld mehr. Also können wir auch nichts mehr kau-

fen, sondern müssen sparen, wo wir nur können."

„Das versteh ich", sagt Wolfgang nachdenklich, „aber werden wir nie mehr Weihnachten so richtig feiern können?"

„Doch", sagt der Vater, „wenn ich erst einmal wieder Arbeit habe, dann können wir wieder feiern. Aber bis dahin … es tut mir so leid, Wolfgang."

„Hm, das ist schade, Papa, aber wir werden das schon schaffen. Dann sparen wir eben jetzt und kaufen keinen Weihnachtsbaum und keine Geschenke", sagt Wolfgang tapfer. „Aber was soll ich denn dann in meinen Aufsatz schreiben?"

Am nächsten Tag gehen Wolfgang und Matthias wieder gemeinsam in die Schule. „Bald ist Weihnachten", freut sich Matthias. „Dann sind Ferien und wir können den ganzen Tag spielen."

Wolfgang nickt und mummelt sich noch tiefer in seine Jacke.

„Sag doch, was wünschst du dir denn zu Weihnachten?", fragt Matthias neugierig seinen Freund.

Wolfgang seufzt und murmelt in seinen Schal: „Ooch, nichts Bestimmtes!"

Aber Matthias hat gar nicht richtig zugehört.

Wunschzettel

1 Paar Skier
1 Computerspiel
1 Eisenbahn
Schokolade

Er träumt schon seit Wochen von dem neuen Computerspiel, das er sich zu Weihnachten wünscht.

„Ich weiß schon, was ich mir wünsche", erzählt er begeistert, „neue Skier, das neue Spiel und die Eisenbahn aus dem Schaufenster."

„Hm, hm", murmelt Wolfgang.

Am Nachmittag sitzt Matthias nachdenklich zu Hause an seinem Tisch. Eigentlich soll er ja seinen Wunschzettel schreiben, aber er muss die ganze Zeit an seinen Freund Wolfgang denken. Er kann sich gar nicht vorstellen, dass Wolfgang noch nicht weiß, was er sich zu Weihnachten wünscht. Da kommt seine Mutter ins Zimmer.

„Na, Matthias, hast du denn schon deinen Wunschzettel fertig?", fragt sie. Matthias schüttelt nachdenklich den Kopf. „Stell dir vor, ich habe heute Wolfgang gefragt, was er sich zu Weihnachten wünscht, und er hat gesagt, er weiß es noch gar nicht!", wundert sich Matthias. Da lächelt die Mutter und sagt: „Vielleicht hast du nur nicht richtig zugehört. Frag ihn doch morgen noch einmal."

„Ja, das mach' ich", nickt Matthias. Am nächsten Tag fragt Matthias seinen Freund noch einmal.

Da erzählt ihm Wolfgang, dass sein Vater keine Arbeit mehr hat. Deshalb müssen sie jetzt sparen und können an Weihnachten gar nichts machen, und wünschen kann er sich dieses Jahr auch nichts. Mittags kommt Matthias sehr nachdenklich nach Hause.

Als die Mutter das Essen auf den Tisch stellt, fragt sie: „Was ist denn heute mit dir, Matthias?"

„Ich habe Wolfgang noch einmal gefragt, was er sich denn zu Weihnachten wünscht, und da hat er gesagt, gar nichts, weil sein Vater keine Arbeit mehr hat."

„Hm, das wusste ich ja gar nicht", sagt seine Mutter erstaunt. Nach dem Essen geht Matthias auf sein Zimmer und denkt nach. Dann fällt ihm plötzlich etwas ein. Er sucht in seinem Zimmer nach einem Buch, das er zu seinem letzten Geburtstag geschenkt bekommen hat. Nachdenklich betrachtet er es. Wolfgang wollte doch auch immer so ein Buch haben! Dann springt er auf und läuft zu seiner Mutter. „Mama, können wir Wolfgang nicht zu Weihnachten einladen? Ich möchte ihm gerne das Buch hier schenken. Er wollte immer auch so eins und ich glaube, er freut sich bestimmt!"

Die Mutter guckt ihren Sohn an und sagt: „Das finde ich aber lieb von dir, dass du an deinen Freund denkst. Ich werde das mit deinem Vater besprechen und dann sehen wir weiter, ja?"

Abends, als Matthias schon im Bett ist, sprechen die Eltern darüber. Sie beschließen, Wolfgang und seine Eltern an Weihnachten zu sich einzuladen.

„Warum auch nicht", sagt der Vater, „wir kennen sie doch auch schon so lange. Seit die beiden zusammen in den Kindergarten gegangen sind." Auch er wundert sich darüber, warum Wolfgangs Vater ihm nicht davon erzählt hat, dass er keine Arbeit mehr hat.

Am nächsten Morgen beim Frühstück fragt Matthias: „Und? Laden wir Wolfgang jetzt wirklich ein?"

„Weißt du was", sagt die Mutter, „wir laden ihn und seine Eltern an Weihnachten zu uns ein. Heute nachmittag kannst du ja eine schöne Einladung basteln und sie dann zu Wolfgang bringen!"

„Ui ja!" Matthias ist Feuer und Flamme. „Da wird er aber Augen machen! Und bis dahin werde ich nichts verraten!" In der Schule hätte Matthias es Wolfgang fast schon erzählt, aber dann hat er doch nichts gesagt.

Am Nachmittag bastelt er aus Papier eine wunderschöne Einladung, und als sein Vater nach Hause kommt, gehen sie zusammen bei Wolfgangs Haus vorbei und werfen die Karte heimlich in den Briefkasten.

Als Wolfgangs Eltern die Einladung am nächsten Morgen entdecken, sind sie sehr erstaunt. Ein bisschen schämen sie sich auch, dass sie so arm sind und deshalb eingeladen werden, aber dann entschließen sie sich doch, die Einladung anzunehmen. „Wolfgang zuliebe!", sagt der Vater.

„Ich finde es schön, dass wir so gute Freunde haben", sagt Wolfgangs Mutter und lächelt. Wolfgang und Matthias freuen sich wie die Schneekönige, als sie erfahren, dass sie zusammen Weihnachten feiern können. Den ganzen Tag planen sie schon, was sie gemeinsam spielen wollen.

„Wenn ich die Eisenbahn bekomme, darfst du zuerst damit spielen", sagt Matthias großzügig.

„Wirklich?", fragt Wolfgang. „Aber wir können ja auch zusammen damit spielen. Das macht zu zweit sowieso viel mehr Spaß!"

Endlich ist der große Tag gekommen. Bei Matthias zu Hause duftet es nach feinem Essen und nach Plätzchen. Der Weihnachtsbaum steht schon geschmückt im Zimmer. Nur das Buch muss Matthias noch einpacken, dann ist alles fertig.

Bald klingelt es, und Wolfgang und seine Eltern stehen vor der Tür. Sie haben einen selbstgebastelten Weihnachtsstern mitgebracht, der nun auch noch am Baum aufgehängt wird.

Während sie alle am großen Tisch sitzen und das Weihnachtsessen verspeisen, schielen Matthias und Wolfgang schon auf die Pakete, die unter dem Baum liegen. Matthias ist gespannt, was Wolfgang sagt, wenn er das Buch auspackt.

Aber erst liest der Vater die Weihnachtsgeschichte aus der Bibel vor. Als Matthias hört, dass Maria und Josef zu arm waren, um ihrem Kind ein schöneres Zuhause zu geben, da versteht er auf einmal die Geschichte. Dann endlich dürfen Matthias und Wolfgang die Geschenke auspacken.

Als Wolfgang das Buch sieht, freut er sich sehr. „Danke!", ruft er und umarmt Matthias.

„Du bist doch mein Freund", sagt Matthias, „und Freunde teilen!"

Matthias' Eltern sehen sich an und lächeln. Auch Wolfgangs Eltern finden, dass dies ein ganz besonderes Weihnachtsfest ist.

Einladung

zum Weihnachtsessen am 25.12. um 19.00 Uhr

Weihnachtliche Einladungskarten

Eine Einladung ist immer ein Grund zur Freude, aber mit diesen wunderschönen selbst gemachten Einladungskarten ist die Vorfreude bestimmt besonders groß.

Material

- Blanko-Grußkarten (Klappkarten) oder festes Tonpapier, z.B. in Blau
- festes Zeichenpapier
- Goldschreibstift
- Klebstoff
- Klebstreifen
- Bastelmesser oder kleine Schere
- Lineal

1 Verwendet man anstelle der Blanko-Karten Tonpapier, schneidet man zunächst aus diesem ebenfalls Klappkarten, ungefähr in Postkartengröße. Dabei ist es sinnvoll, die Karte an der längeren Seite zu falzen.

2 Jetzt klappt man die Karte – genauso wie eine Blanko-Grußkarte – auf und legt sie so vor sich hin, dass die Außenseite oben ist. Auf einer dieser Seiten zieht man zunächst mit dem Bleistift eine bogenförmige Linie über die ganze Karte (s. Zeichnung). Dann schneidet man diese Linie mit dem Bastelmesser oder der Schere ein (evtl. mehrere Lagen Zeitungspapier zum Schutz der Tischplatte unterlegen).

3 Aus dem weißen Zeichenpapier oder dem Tonpapier schneidet man einen Streifen aus, der etwa 2 cm breit und 23 cm lang ist.

▶ So wird die Linie über die Karte gezogen.

4 Danach misst man an diesem Streifen 13 cm ab und markiert diese Stelle mit einem kleinen Bleistiftstrich. An dieser Stelle wird der Streifen nun einmal rechtwinklig gefaltet (s. Zeichnung). Die letzten 2 cm des kürzeren Endes werden ebenfalls umgeknickt.

5 Nun wird aus dem Tonpapier oder dem weißen Zeichenpapier ein Stern mit einem Schweif ausgeschnitten.

6 Jetzt legt man den Stern vor sich hin und klebt mit einem Tropfen Klebstoff das kurze umgeknickte Ende des Papierstreifens ungefähr in die Mitte des Schweifes.

▼ Besonders festlich sieht die Einladung aus, wenn der Stern mit Goldfolie beklebt wird.

7 Das längere Ende des Papierstreifens wird nun in den bogenförmigen Schlitz der Klappkarte gesteckt und an der rechten Schmalseite der Karte wieder herausgeführt. Hält man die Karte jetzt etwas zusammen und zieht an dem Streifen, bewegt sich der Stern über die ganze Karte entlang des kreisförmigen Einschnitts.

8 Nun wird die Klappkarte an den Rändern zugeklebt, nur an der Stelle, an der der Papierstreifen herausschaut, werden etwa 3 cm freigelassen. Diese Öffnung kann man auch mit kleinen Stücken eines Klebstreifens sichern.

9 Zum Schluss wird mit dem Goldschreibstift der Einladungstext auf die Karte geschrieben.

Vorlage

▲ Für den Stern kann diese Vorlage verwendet werden.

Kling, Glöckchen

Kling, Glöck-chen, klin-ge-lin-ge-ling, kling, Glöck-chen, kling!

Lasst mich ein, ihr Kin-der, ist so kalt der Win-ter,

öff-net mir die Tü-ren, lasst mich nicht er-frie-ren.

Kling, Glöck-chen, klin-ge-lin-ge-ling, kling, Glöck-chen, kling!

2 Kling, Glöckchen, klingelingeling, kling, Glöckchen, kling!
Mädchen hört und Bübchen, macht mir auf das Stübchen,
bring' euch viele Gaben, sollt euch dran erlaben.
Kling, Glöckchen, klingelingeling, kling, Glöckchen, kling.

3 Kling, Glöckchen, klingelingeling, kling, Glöckchen, kling!
Hell erglühn die Kerzen, öffnet mir die Herzen!
Will drin wohnen fröhlich, frommes Kind, wie selig.
Kling, Glöckchen, klingelingeling, kling, Glöckchen, kling!

Knecht Ruprecht

Von drauß' vom Walde
  komm' ich her;
ich muss euch sagen,
  es weihnachtet sehr!
allüberall auf den Tannenspitzen
sah ich goldene Lichtlein sitzen,
und droben aus dem Himmelstor
sah mit großen Augen
  das Christkind hervor.

Und wie ich so strolcht'
  durch den finsteren Tann,
da rief's mich mit heller Stimme an:
„Knecht Ruprecht", rief es, „alter Gesell,
hebe die Beine und spute dich schnell!
Die Kerzen fangen zu brennen an,
das Himmelstor ist aufgetan,
Alt und Jung sollen nun
von der Jagd des Lebens einmal ruhn;
und morgen flieg' ich hinab zur Erden,
denn es soll wieder Weihnachten
  werden!"
Ich sprach: „O lieber Herre Christ,
meine Reise fast zu Ende ist;
ich soll nur noch in diese Stadt,
wo's eitel gute Kinder hat."
„Hast denn das Säcklein auch bei dir?"

Ich sprach: „Das Säcklein, das ist hier:
Denn Äpfel, Nuss und Mandelkern
essen fromme Kinder gern."
„Hast denn die Rute auch bei dir?"
Ich sprach: „Die Rute, die ist hier;
doch für die Kinder nur, die schlechten,
die trifft sie auf den Teil, den rechten."
Christkindlein sprach: „So ist es recht,
so geh mit Gott, mein treuer Knecht!"

Von drauß vom Walde komm' ich her;
ich muss euch sagen,
  es weihnachtet sehr!
Nun sprecht, wie ich's hierinnen find'!
Sind's gute Kind, sind's böse Kind?

Theodor Storm

Fabian und die Schneeballschlacht

Im tiefen Wald, in einer kleinen Höhle aus Blättern und Erde, schläft eine Igelfamilie dicht aneinander gekuschelt. Es ist mitten im Winter, und sie halten Winterschlaf.

Der Igelpapa träumt von dem guten Essen, das ihn erwartet, wenn er im Frühjahr wieder aufwachen wird. Genüsslich bewegt er den Mund und schmatzt leise. Die Igelmama träumt von einer neuen Höhle, die sie gerne hätte, mit Fenstern und Vorhängen daran. Die Tochter träumt von Waldblumen, die so gut riechen, und Fabian, der Kleinste der Igelfamilie, träumt gar nichts. Er ist nämlich gerade dabei, aufzuwachen aus seinem tiefen Winterschlaf.

Verwundert reibt er sich die Augen. Nanu? Die anderen schlafen ja alle noch? Ist denn noch nicht Frühling, oder haben sie alle verschlafen? „Ich geh erst mal gucken", denkt er sich. Da sieht er auf einmal ein Glitzern. „Was ist denn das?", fragt er sich und steht auf.

Dann versucht er, sich vorsichtig an seinen Eltern vorbeizudrücken, um sie nicht aufzuwecken. Wegen der Stacheln ist das gar nicht so einfach, aber schließlich hat er es geschafft und steht draußen.

Vor der Höhle ist es kalt, und alles ist weiß. Fabian ist verblüfft. Ist die Welt auf einmal ganz anders oder träumt er vielleicht doch? Vorsichtig steckt er einen Fuß in die kalte, weiße Masse vor ihm. „Uhh, ist das kalt. Ich glaube, ich gehe lieber wieder hinein", sagt er leise, dann sieht er wieder dieses geheimnisvolle Glitzern. Es scheint von sehr weit her zu kommen.

„Was kann das nur sein? Ich glaube, ich muss doch einmal nachsehen. Hat Papa nicht immer gesagt, dass im Frühling alles glitzert? Vielleicht ist das schon der Frühling und er ist nur noch nicht bis zu uns gekommen?" Fabian guckt noch einmal zurück in die Höhle.

Drinnen schlafen alle anderen ruhig und friedlich weiter. Dann läuft Fabian los. Immer in die Richtung, wo er zuletzt das Glitzern gesehen hat. Es gibt ein Dorf, das in der Nähe liegt, und das er vom Sommer her noch kennt. Dort hat ihm einmal ein kleines Mädchen eine Schüssel Milch gegeben. Die war sehr lecker.

Der Wald ist tief verschneit, und ab und zu sinkt Fabian bis zur Nasenspitze in den Schnee. Da weiß er nicht mehr, ob es eine gute Idee war, so alleine fortzulaufen.

Vor ihm tauchen Spuren auf. Einige von ihnen kennt er, die von einem Hasen und die von einer Maus. Es gibt noch eine größere, aber die erkennt er nicht. Glücklicherweise trifft er denjenigen nicht, der die Spuren hinterlassen hat, denn es war ein Fuchs.

Immer näher kommt er zum Dorf. Fast schon kann er die weihnachtlichen Düfte von Braten und Plätzchen riechen. Und immer wieder glitzert es in der Dunkelheit. Aber auf einmal taucht vor ihm ein riesiges Ungeheuer auf.

„Neiiiiin", schreit Fabian verzweifelt und rollt sich blitzschnell zu einer Kugel zusammen, so dass von ihm nur noch die Stacheln zu sehen sind. Vor lauter Angst zitternd denkt er: „Wäre ich doch nur zu Hause geblieben. Jetzt frisst mich der weiße Mann und und … Mama hat immer gesagt, ich soll nicht nach draußen gehen, wenn alles weiß ist. Da holt mich der weiße Mann, hat sie gesagt …

Aber vielleicht sieht er mich ja nicht, wenn ich ganz still liegen bleibe?"

Zitternd drückt er die Nase noch tiefer in den Schnee.

„Hihihihihihihi! Du hast wohl Angst vor dem Schneemann? Hihihihihi!", hört er eine Stimme. Vorsichtig hebt Fabian den Kopf: „Wer spricht denn da?"

Der kleine Hase kann gar nicht aufhören zu lachen: „Ha-hallo, ich bin Puschel, und was bist du für ein Angsthase?"

Vorsichtig guckt Fabian herum. Da entdeckt er Puschel. „Das ist ja ein Hase", denkt er. „Der hat wohl gar keine Angst vor dem weißen Mann?"

„Hallo, ich bin Fabian", sagt Fabian zu Puschel und beobachtet misstrauisch die riesige weiße Gestalt. Aber die bewegt sich gar nicht. Dann sieht er erschrocken zu, wie Puschel vor seinen Augen auf den weißen Mann klettert und sich einfach ein Stück von seiner Nase klaut.

„Mmmhh, schmeckt gut, möchtest du auch?", fragt Puschel.

Fröhlich beißt er in die Mohrrübe und bietet sie dann auch Fabian an.

Aber …", Fabian ist fassungslos. Als Puschel sieht, wie ängstlich Fabian auf den Schneemann schaut, sagt er: „Ach das? Das ist doch nur Schnee!"

Dann beginnt er übermütig in der weißen kalten Pracht herumzuhüpfen.

„Siehst du?", sagt er und nimmt etwas Schnee, rollt ihn zu einer Kugel und wirft sie zu Fabian. Als der kleine Igel das kalte weiße Nass auf seinen Stacheln spürt, denkt er sich „Na, warte!", und dann versucht er selbst, einen Schneeball zu rollen. Er wirft ihn auf Puschel, und bald ist die schönste Schneeballschlacht im Gange.

Immer um den Schneemann herum, vor dem Fabian inzwischen auch keine Angst mehr hat. Übermütig wirft er sogar einmal einen Schneeball auf den Schneemann und denkt sich: „Pah, von wegen weißer Mann, wenn die Mama wüsste, dass das nur Schnee ist!"

Zwei kleine Mäuse, die Fabians und Puschels Lachen gehört haben, kommen auf einmal an und spielen sofort mit. Ihre Bälle sind natürlich etwas kleiner, aber dafür sind sie so flink, dass sie jedem Schneeball entkommen.

Als sie alle müde geworden sind, ruhen sie sich ein bisschen aus.

„Sag mal, Puschel", fragt Fabian, „du weißt doch so viel, weißt du denn auch, woher dieses wunderschöne Glitzern kommt?" Puschel lacht. „Glitzern? Meinst du vielleicht den Schnee?"

„Nein, da, da war es schon wieder! Siehst du denn nicht, wie es glitzert? Ist das der Frühling?"

„Der Frühling?", lacht Puschel, bis ihm die Tränen über die Backen laufen. „Ich glaube, du träumst noch, hm?"

Dann guckt er in die Richtung, in die Fabian gezeigt hat. Wieder glitzert es, und jetzt weiß Puschel auch, was Fabian gemeint hat. „Das ist nicht der Frühling, Fabian, das ist der Weihnachtsmann!"

„Der Weihnachtsmann?", fragt Fabian erstaunt.

Ob das der Mann ist, vor dem seine Mutter ihn gewarnt hatte, weil er für kleine Igel gefährlich ist?

„Ja, kennst du denn den Weihnachtsmann nicht?", fragen die Mäuse.

„Nein", Fabian schüttelt den Kopf.

„Der Weihnachtsmann", erklärt Puschel, „kommt an Weihnachten in jedes Haus und zu jedem Tier auf der ganzen Welt."

„Und dabei glitzert er?", fragt Fabian.

„Nein, er gibt jedem ein Geschenk aus seinem großen Sack, und immer, wenn der Sack geöffnet wird, glitzert es."

„Dann muss er aber schon viele Geschenke verteilt haben", sagt Fabian. „Da möchte ich mal zugucken."

„Na dann, komm mit", ruft Puschel und läuft so schnell davon, dass Fabian Mühe hat, hinterherzukommen.

„Warte auf mich", ruft Fabian ihm noch nach. Endlich sind sie bei den Häusern angekommen. Sie können sich gerade noch hinter einem Schneehaufen verstecken, da sehen sie den Weihnachtsmann gerade in ein Haus gehen. Wie Puschel gesagt hat, trägt er einen großen Sack bei sich. Aber viel scheint da nicht mehr drin zu sein. Er sieht schon ganz leer aus.

Einen dicken roten Anzug hat der Weihnachtsmann an, mit einer langen Kapuze dran. Und einen großen, weißen

Bart hat er im Gesicht. Als im Haus die Türe geöffnet wird und der Weihnachtsmann aus seinem Sack ein Geschenk für die Kinder herausholt, glitzert es wieder. „Da ist es, das Glitzern!", staunt Fabian. Der Weihnachtsmann schließt gerade seinen Sack, da hört er es auf einmal klappern. Verwundert dreht er sich um. „Was war denn das?", fragt er. „Wer klappert denn da?" Puschel, Fabian und die Mäuse ducken sich noch weiter in den Schnee, damit der Weihnachtsmann sie nicht entdecken kann. Aber da hören sie schon seine schweren Schritte immer näher kommen. Direkt vor ihrer Nase bleibt er stehen. „Was machst du kleiner Igel denn hier? Sind das etwa deine Zähne, die da klappern?", fragt der Weihnachtsmann. Fabian guckt erstaunt nach oben. Da sieht er das freundliche Gesicht des Weihnachtsmanns vor sich und nickt mit klappernden Zähnen.

Inzwischen ist ihm nämlich ganz schön kalt geworden. „Ich hab geschlafen, aber dann bin ich aufgewacht, weil es so geglitzert hat, und Puschel hat mir erzählt, dass du das bist und das wollte ich sehen", erzählt er. „Aber im Winter ist es für Igel doch viel zu kalt. Weißt du denn nicht, wie gefährlich das sein kann?" „Doch", nickt Fabian hilflos und frierend. Da nimmt

ihn der Weihnachtsmann auf seinen Arm und sagt: „Komm, ich bring dich wieder nach Hause. Deine Eltern machen sich sicher schon Sorgen um dich!" Puschel und die Mäuse gucken etwas verlegen. Bei all dem Spaß haben sie gar nicht daran gedacht, dass es für einen Igel viel zu kalt sein könnte. Deshalb begleiten sie Fabian jetzt auch nach Hause.

Währenddessen stehen die Eltern von Fabian vor der Höhle im Wald. Sie sind aufgewacht, weil sie gemerkt haben, dass ihr kleiner Sohn nicht mehr da ist. Ganz verzweifelt haben sie sich auf die Suche nach ihm gemacht und rufen nach ihm: „Fabian, Fabiaaaaan, wo bist duuuuu?"

Da sehen sie den Weihnachtsmann näher kommen. Er legt Fabian wieder in die Arme seiner Eltern. „Da bist du ja endlich wieder!", rufen sie, aber Fabian hört das gar nicht.

Vor lauter Erschöpfung schläft er schon. Zum Abschied holt der Weihnachtsmann noch für jeden von ihnen ein Geschenk aus seinem Sack: eine Mohrrübe für Puschel, ein Stück Käse für die Mäuse und ein paar Lebkuchen und ein bisschen Milch für die Igel. Dann zieht er wieder los, und Puschel und die Mäuse gehen nach Hause.

Fabian kuschelt sich dicht an den warmen Bauch seiner Mutter und träumt bis zum Frühjahr viele Winterweihnachts-Glitzerträume.

Sternenvögel und Glitzermond

Ein winterlicher Nachthimmel über dem Bett mit weihnachtlichen Glitzersternchen stimmt auch die Träume auf Weihnachten ein.

Material

- Zeichenkarton
- blaues Tonpapier
- Goldfolie
- Klebstoff
- weiße oder blaue Federn
- Klebesternchen
- silberfarbener Glitter
- Walnüsse
- Bunt- oder Filzstifte
- festes Nähgarn
- ein 1-Cent-Stück

Sternenvögel

1 Die Walnüsse werden, wie auf Seite 32 beschrieben, geöffnet. Von der Vorlagenseite 136/137 wird der Vogel auf den Zeichenkarton übertragen und ausgeschnitten, die Goldflügel auf die Goldfolie übertragen und ausgeschnitten.

2 Jetzt werden die Flügel beidseitig am Rücken des Vogels festgeklebt. Als Schwanz werden Federn aufgeklebt. Für die Sternenketten werden verschieden lange Fäden mit Klebesternchen versehen (jeweils von beiden Seiten gegenkleben) und diese Fäden mit etwas Klebstoff auf dem Karton festgeklebt. Schließlich kann man noch Augen aufmalen.

3 Für die Aufhängung nimmt man den Faden und macht an einem Ende einen dicken Knoten. Dann legt man diesen Knoten auf einer Seite in die Mitte der Stelle, auf die die Walnusshälfte aufgeklebt wird. Jetzt wird der Rand der Walnussschale mit Klebstoff bestrichen und an der vorgesehenen Stelle festgedrückt. Wer mag, kann die Schalen vorher mit silberner Plakafarbe anmalen.
Wenn der Klebstoff getrocknet ist, klebt man auf der anderen Seite die zweite Walnussschale fest.

4 Die Schalen werden zum Schluss mit goldenen Sternchen beklebt (eventuell zusätzlich Klebstoff auftragen!).

Glitzermond

1 Der Mond wird von der Vorlagenseite 136/137 auf den Zeichenkarton und auf das blaue, doppelt gelegte Tonpapier übertragen und ausgeschnitten.

▶ Die Tonpapierfigur für den Mond wird zweimal benötigt.

2 Jetzt stellt man die gleichen Sternenketten her, wie auf der linken Seite beschrieben. Das Tonpapier wird von beiden Seiten auf den Zeichenkarton aufgeklebt, dazwischen liegen die Fadenenden.

▶ Bohrt man oben durch die Mondsichel ein kleines Loch und zieht einen Faden hindurch, kann man die Sichel daran aufhängen.

3 Nun wird ein Cent an die Stelle auf die Mondsichel gelegt, an der das Auge sein soll. Der Rest wird dünn mit Klebstoff eingestrichen. Danach streut man den silbernen Glitter dick darüber und lässt ihn eine Weile trocknen. Jetzt nimmt man das Geldstück vorsichtig ab und kippt den Mond über der Tischplatte, so dass der überschüssige Glitter abfällt. Er kann für die andere Seite, die genauso beklebt wird, wiederverwendet werden.

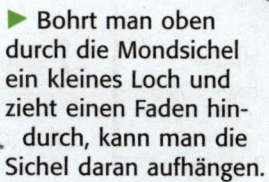

Spiele mit Mandarinen und Nüssen

Nüsse und Mandarinen sind vitaminreich und gesund. Man kann mit ihnen lustige Spiele spielen und sie dann hinterher auch noch aufessen.

Material

- Mandarinen
- Walnüsse oder Haselnüsse oder andere Nüsse, alle ungeschält

Wo ist die Zaubermandarine?

1 Alle Mitspieler sitzen im Kreis um einen Tisch oder auf dem Boden. In der Mitte liegen auf einem Teller 5–7 Mandarinen. Außerdem gibt es noch einen Vorratshaufen.

2 Während sich der erste Rater umdreht oder die Augen fest zumacht (nicht mogeln!), einigen sich die anderen darauf, welches die Zaubermandarine ist.

3 Nun dreht sich der Rater um oder öffnet wieder die Augen. Er nimmt so viele Mandarinen vom Teller, bis er an die verzauberte kommt. Dann rufen die anderen „Halt!"

4 Alle Mandarinen, die der Rater vom Teller genommen hat, gehören ihm. Sie werden für das nächste Spiel aus dem Vorratshaufen ersetzt. Wer am Schluss die meisten Mandarinen hat, hat gewonnen.

Wer trifft die meisten Nüsse?

1 Zehn Nüsse werden nebeneinander in einem Abstand von 5 cm auf den Boden gelegt.

2 Jeder Mitspieler bekommt eine Nuss und versucht, einer nach dem anderen, aus 1 bis 2 Metern Entfernung die Nüsse zu treffen, Dabei darf aber nur gerollt, nicht geworfen werden.

Känguru-Nüsse

1 Auf einen Karton wird ein Kreis von etwa 20 cm Durchmesser aufgemalt. Dahinein werden dicht an dicht so viele Nüsse gelegt, dass sie gerade nicht über den Kreis kullern.

2 Jeder Mitspieler lässt jetzt der Reihe nach aus etwa 1 Meter Höhe eine Nuss auf die anderen in der Mitte fallen.

3 Das ist gar nicht so einfach, weil die Nüsse nicht kugelrund sind, aber mit der Zeit bekommt man den Trick schon raus. Alle Nüsse, die ein Mitspieler trifft, darf er wegnehmen.

4 Verfehlt eine Nuss ihr Ziel, darf sie von den nächsten Spielern auch weggekegelt werden. Wer mit der ersten Nuss nichts trifft, bekommt eine Ersatznuss, und wer am Ende die meisten Nüsse hat, gewinnt.

3 Alle Nüsse, die aus dem Kreis herausspringen, gehören ihm und er darf sie wegnehmen. Wer am Schluss die meisten Nüsse besitzt, hat gewonnen.

Nussrosetten

Verschiedene Nüsse, z.B. Walnüsse, Haselnüsse, Paranüsse oder Mandeln, können in einem Suppenteller oder einer flachen Tortenform zu fantasiereichen Mustern gelegt und immer wieder verändert werden.

Tischkarten-Bäumchen

Diese kleinen Weihnachtsbäumchen, die Groß und Klein begeistern, sind eine besonders hübsche Dekoration für die festliche Tafel.

Material

- festes grünes und gelbes Tonpapier
- evtl. Farbstifte
- etwas Goldfolie und rote Glanzfolie
- Glitter, Lametta
- Klebesternchen
- Nelken, Anis
- evtl. Styroporreste oder Watte
- Locher, Klebstoff

1 Von der Vorlagenseite 136/137 überträgt man für jede Tischkarte zweimal die Tannenbaumschablone auf das grüne Tonpapier und schneidet diese aus. Genauso verfährt man mit dem Stern, der auch zweimal – diesmal aus dem gelben Tonpapier – ausgeschnitten wird.

2 Die Tannenbaumteile schneidet man an der vorgezeichneten Linie so weit ein, wie auf der Vorlage angegeben. Achtung: Ein Teil wird nur von oben, der andere nur von unten eingeschnitten!

3 Wer die Tischkarten bemalen möchte, kann die beiden Tannenbaumteile auf jeder Seite nun mit Kugeln, Kerzen oder kleinen Anhängern verzieren. Sonst kann man den Tannenbaum auch auf allen Seiten mit „goldenen Kugeln", die mit dem Locher aus der goldenen oder roten Folie gestanzt werden, bekleben. Etwas Glitter, Lametta oder Klebesternchen sehen ebenfalls gut aus.

4 Bevor der „Schnee" in Form von Watte oder Styropor (darauf achten, dass der Klebstoff den Styropor nicht angreift – auf der Tube nachsehen!) auf dem Tannenbaum festgeklebt wird, wird der Baum erst zusammengesteckt.

▶ Ein Teil des Tannenbaums wird nur von unten, der andere nur von oben eingeschnitten!

5 Dazu wird der Teil mit dem unteren Einschnitt auf den anderen Teil geschoben, bis beide bündig und fest aufeinandersitzen. Zum Schluss können die Teile noch mit einem Tropfen Klebstoff am Fuß (s. Zeichnung unten) befestigt werden, damit der Tannenbaum auch gut steht.

6 Die beiden Hälften des Sterns aufeinander kleben und den Namen daraufschreiben. Danach steckt man den Stern auf den fertigen Tannenbaum und befestigt ihn mit einem Tropfen Klebstoff.

MORITZ

7 Zum Schluss kann der Baum noch mit Watte oder Styroporkugeln als Schnee und – wer es natürlich mag – mit Nelken oder Anis verziert werden.

Weihnachtspunsch

Weihnachtspunsch für Kinder, natürlich ohne Alkohol, aber dafür mit frisch gepressten Fruchtsäften und mit Gewürzen.

Zutaten Malvenpunsch

- 2 Beutel Malventee
- 1/4 l Orangensaft
- 1 Beutel Glühweingewürz
- 4 EL Zucker

Malvenpunsch (für ganz Eilige)

1 Einen Liter Wasser in einem Topf zum Kochen bringen, vom Herd nehmen und die Teebeutel hineingeben.

2 Nach 10 Minuten wieder herausnehmen und den Orangensaft hinzugeben. Den Topf wieder auf den Herd stellen, die Flüssigkeit zum Kochen bringen, das Glühweingewürz und den Zucker hineingeben.

3 Nach 10 Minuten die Gewürze entfernen und den heißen Punsch in Gläsern servieren.

Schwarzer Johannisbeerpunsch

1 Mit einem scharfen Küchenmesser von der unbehandelten Zitrone oder Orange die Schale bis zur Hälfte dünn abschneiden.

2 Den schwarzen Johannisbeersaft und den Apfelsaft mit wenig Zucker, den Gewürzen und der Zitronen- oder Orangenschale in einem Topf erhitzen, jedoch nicht kochen lassen. Zugedeckt etwas ziehen lassen.

3 Zitronen- und Orangensaft und evtl. bei Bedarf noch etwas Zucker beifügen und umrühren, bis der Zucker aufgelöst ist. Abschmecken und durch ein Sieb noch heiß in Gläser geben.

Zutaten Johannisbeerpunsch

- 3/4 l schwarzer Johannisbeersaft
- 3/4 l Apfelsaft
- Zucker nach Geschmack
- 1 Stück Zitronen- oder Orangenschale (unbehandelt)
- 3 ganze Nelken
- 1/2 Stange Zimt
- Saft von 1 Zitrone und 4 Orangen

Zitruspunsch

1 Das Wasser mit dem Zucker und den Gewürzen zum Kochen bringen. Zugedeckt etwas ziehen lassen.

2 Durch ein Sieb in einen anderen Topf geben, Grapefruit- und Orangensaft sowie Apfelsaft zugeben.

3 Die Flüssigkeit wieder erhitzen, aber nicht kochen lassen. Mit Zucker abschmecken und noch heiß in Gläser gießen.

Zutaten Zitruspunsch

- 1/8 l Wasser
- 150–200 g Zucker
- 4 ganze Nelken
- 1/4 Stange Zimt
- 1/2 l Grapefruitsaft
- 1/4 l Orangensaft
- 1/4 l Apfelsaft

▶ Mit einem Zuckerrand sehen die Gläser besonders schön aus. Dazu gibt man auf einen Unterteller etwas Zitronensaft und auf einen zweiten etwas Kristallzucker. Nun taucht man jeden Gläserrand zuerst kurz in den Zitronensaft, danach in den Zucker. Eventuell kurz auf den Glasboden klopfen, um den überschüssigen Zucker zu entfernen – fertig.

Still, still, still,
weil's Kindlein schlafen will

Still, _ still, _ still, weil's _ Kind - lein _ schla - fen _ will! Ma-

ri - a _ tut es nie-der- _ sin-gen, ih - re _ keu - sche Brust dar- _ brin- gen

Still, _ still, _ still, weil's _ Kind - lein _ schla - fen _ will!

2 Schlaf, schlaf, schlaf, mein liebes Kindlein, schlaf!
Die Engel tun schön musizieren, bei dem Kindlein jubilieren. Schlaf ...

3 Groß, groß, groß, die Lieb ist übergroß! Gott hat den Himmelsthron
verlassen und muss reisen auf der Straßen. Groß ...

Gebete an Weihnachten

So ein schöner Tag war heute,
lieber Gott, und so viel Freude
hat er wieder mir gebracht.
Dankbar sag' ich: Gute Nacht!
Vater, Mutter, alle Lieben
seien in Dein Herz geschrieben.
Behüt uns alle, lieber Gott,
und schütze uns vor aller Not.
Amen.

Du liebes Kindlein Jesus Christ,
weil heute Dein Geburtstag ist,
drum ist auf Erden weit und breit
bei allen Kindern große Freud.
O segne uns, wir sind noch klein,
und mache unsre Herzen rein,
dass wir mit heil'gem frommen Sinn
nur stets Dir anbefohlen sind.
Amen.

Der Tag war lang,
erfüllt und schön,
wir haben Dir zu danken.
Sei mit uns,
wenn wir schlafen gehn,
und tröste alle Kranken.

Die Nacht bricht an,
sie ist schon da.
Du kennst auch kleine Sorgen
und bist uns selbst
im Dunkel nah,
bleib bei uns bis zum Morgen.
Amen.

Die Traumkugel

Ganz weit draußen, wo die Städte zu Ende sind und die Flüsse sich in breiten Tälern durch die bewaldeten Hügel ziehen, hatten einstmals die Kobolde ihre Werkstatt. Dort bastelten sie alle die vielen kleinen und großen nützlichen Sachen, die den Menschen das Leben leichter machen.

Unter den Kobolden gab es alte und junge, erfindungsreiche und einfältige. Jeder einzelne von ihnen hatte ein Talent und machte gerade das, was er am besten konnte und was ihm am meisten Spaß machte.

In der großen Höhle, in der die Kobolde lebten und

arbeiteten, gab
es viele kleine
Nischen.

So hatte jeder seine
eigene kleine Werkstatt,
in der er sich ausbreiten
und vor sich hin-
basteln konnte.

Manche arbeiteten auch
zu zweit oder zu dritt, wie es
sich eben gerade ergab. Ganz
am Ende der Höhle befand
sich noch ein Raum, in dem der
alte Marapu seine Werkstatt
hatte. Die anderen lächelten oder
schüttelten oft den Kopf über ihn,
weil er immer etwas ganz Besonderes erfinden wollte und meist nichts
und schon gar nichts Nützliches dabei
herauskam.

So war es auch heute wieder. „Na, Marapu, was hast du denn heute wieder erfunden?", fragten seine Nachbarn, als
sie bei ihm vorbeikamen. „Vielleicht wieder eine nützliche
Winduhr oder ein Sieb
zum Schattenfangen?"

Dann lachten sie, bis
ihnen die Tränen
über die
Backen
liefen.

Der alte Marapu lächelte nur. Mochten die anderen ihn ruhig auslachen. Er hatte schon viele schöne Dinge erfunden, die die Augen der Kinder zum Leuchten brachten, und das war viel mehr wert, als irgendetwas zu erfinden, das in den Augen der anderen nützlich war.

Die Kinder fanden es immer schön, was er erfand, und er konnte auch wunderschöne Geschichten erzählen, während er seine Versuche machte. Dann saßen die Kinder wie gebannt vor seiner Werkbank und lauschten mit heißen Backen den Geschichten.

Manchmal rauchte es fürchterlich oder es explodierte etwas mit Blitzen und Funken. Das war natürlich immer besonders aufregend. Aber heute war alles anders.

Marapu rannte aufgeregt durch die Höhle und rief allen zu, dass er eine ganz besonders tolle Erfindung gemacht habe, und sie sollten doch alle kommen und es sich ansehen.

Nun geschah es nicht zum ersten Mal, dass Marapu so durch die Höhle gelaufen kam, und viele Kobolde drehten gelangweilt die Köpfe weg, weil sie seine „Erfindungen" schon kannten. Nur die ewig Neugierigen und die, denen es eine willkommene Abwechslung schien, versammelten sich in der Werkstatt des alten Marapu. Zusammen

mit den Kindern warteten sie ganz gebannt, als der Alte erzählte, dass es ihm nach vielen Versuchen endlich gelungen sei, Träume einzufangen und sichtbar zu machen. Er rührte in einer seltsam riechenden Flüssigkeit, blies sie dann

durch ein Röhrchen, und auf einmal schwebten lauter bunt schillernde Kugeln durch die Luft. Zunächst staunten alle und überall war ein bewunderndes Raunen zu hören. Dann aber landeten die Kugeln auf dem Boden und zerfielen mit einem leise schmatzenden Geräusch in Nichts.

Da wandten sich die erwachsenen Kobolde enttäuscht wieder ab und meinten, davon hätte man ja nichts. Sobald man die Kugeln berühren würde, verschwänden sie, und außerdem fielen sie so schnell zu Boden, dass man gar keine Zeit habe, sie zu bewundern. Nur die

Kinder waren begeistert und jagten den Kugeln hinterher. Alle wollten auch einmal selbst durch das Röhrchen blasen, um immer größere und schönere Kugeln hervorzubringen.

Der alte Marapu war traurig. Seine Kollegen hatten schon recht mit dem, was sie über seine Erfindungen sagten. Lange überlegte er, wie er seine Traumkugeln denn haltbarer machen könnte. Und er fing wieder von Neuem an, Versuche zu machen. Er mischte und mischte, versuchte dies und das, bis er eines Tages Erfolg hatte. Er entdeckte eine Flüssigkeit, die er färben konnte und die man, wenn sie heiß war, auch blasen konnte. Wenn die Flüssigkeit dann abkühlte, erstarrte sie und behielt ihre Form. So versuchte er nun, in dieser Flüssigkeit Träume einzufangen, und siehe da, es entstanden wundersame Gebilde. Jede dieser Kugeln hatte andere Farben, die genau zu dem eingefangenen Traum passten. Diese Kugeln konnte man nun endlich anfassen, ohne das sie zerbrachen. Man konnte sie lange betrachten, sie weglegen und wieder in die Hand nehmen, um sie zu bewundern. Da strahlte der alte Marapu über das ganze Gesicht, das schon mit vielen Runzeln überzogen war. Endlich waren die Träume haltbar geworden, was seiner Meinung nach eine ganz besonders nützliche Erfindung war. Nur zu Boden fallen lassen durfte man diese Kugeln trotzdem nicht, denn sie waren immer noch zerbrechlich, wie Träume auch.

Am Weihnachtsbaum die Lichter brennen

Am Weih - nachts - baum _ die Lich-ter bren - nen, wie glänzt er

fest - lich, lieb und mild, als spräch er: wollt _ in mir er-

ken - nen ge - treu - er Hoff - nung stil - les Bild.

2 Zwei Engel sind hereingetreten,
kein Auge hat sie kommen sehn,
sie gehn zum Weihnachtstisch und beten
und wenden wieder sich und gehn.

3 Gesegnet seid ihr alten Leute,
gesegnet sei du kleine Schar!
Wir bringen Gottes Segen heute
dem braunen wie dem weißen Haar.

Weihnachten

Markt und Straßen stehn verlassen,
still erleuchtet jedes Haus,
sinnend geh ich durch die Gassen,
alles sieht so festlich aus.

An den Fenstern haben Frauen
buntes Spielzeug fromm geschmückt,
tausend Kindlein stehn und schauen,
sind so wundervoll beglückt.

Und ich wandre aus den Mauern
bis hinaus ins freie Feld,
hehres Glänzen, heil'ges Schauen!
Wie so weit und still die Welt!

Sterne hoch die Kreise schlingen,
aus des Schnees Einsamkeit
steigt's wie wunderbares Singen –
o du gnadenreiche Zeit.

Joseph von Eichendorff

Hirten
von Seite 102/103

Maria
von Seite 102/103

Hirten
von Seite 102/103

Kuh
von Seite 102/103

Esel
von Seite 102/103

Die Vorlagen auf allen Bastelbögen sind in Originalgröße abgebildet. Am einfachsten sind sie zu übertragen, wenn Sie ein Pergamentpapier auf die Vorlage legen und sie mit einem Stift durchzeichnen. Jetzt können Sie die entstandene Form ausschneiden und sie auf das Tonpapier oder den Zeichenkarton legen, mit Bleistift umfahren und danach ausschneiden.

Tischkarte
von Seite 124/125

Sternenvogel
von Seite
120/121

Sternenvogel
von Seite
120/121

Engel
von Seite 32/33

Schaf
von Seite 102/103

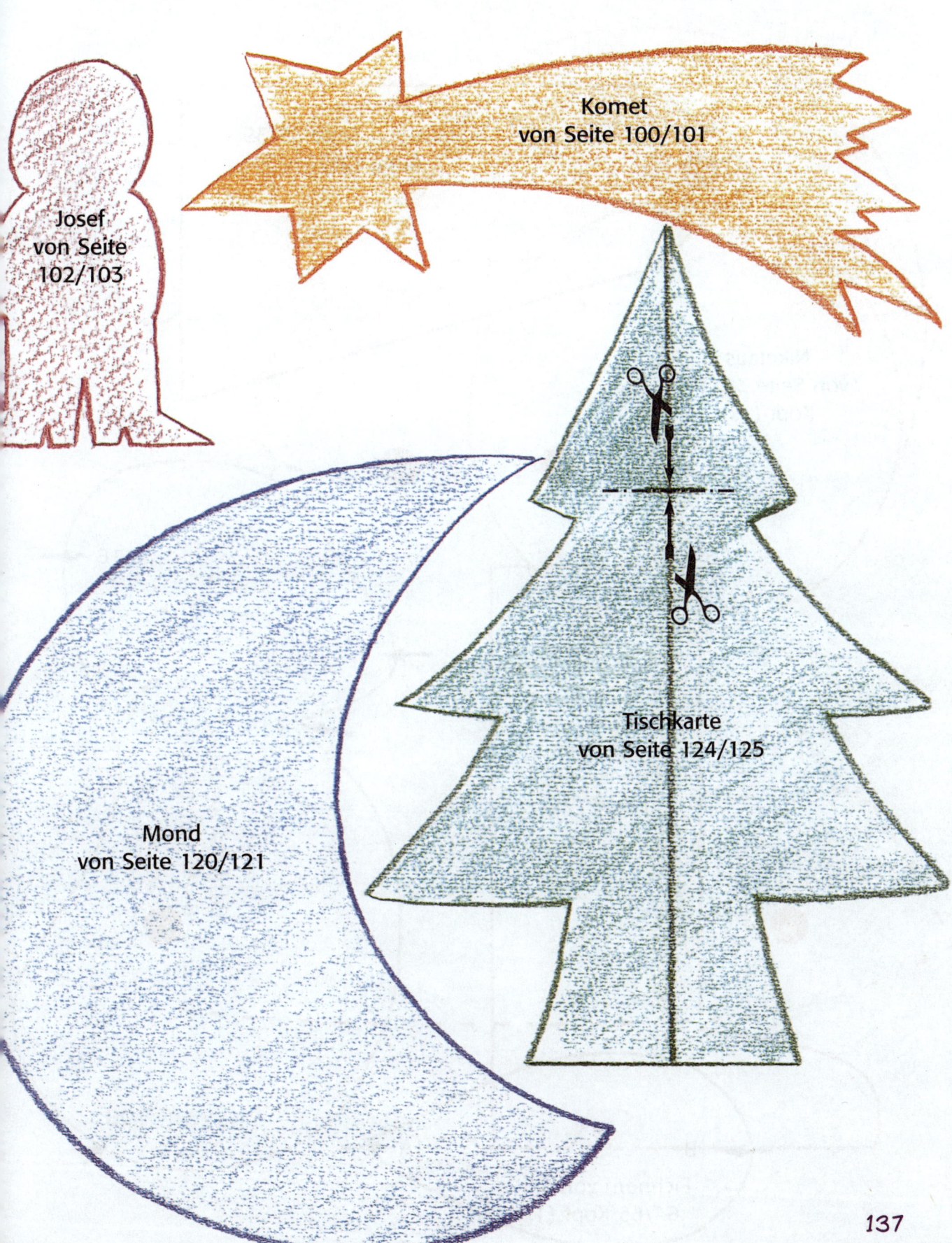

Josef
von Seite
102/103

Komet
von Seite 100/101

Tischkarte
von Seite 124/125

Mond
von Seite 120/121

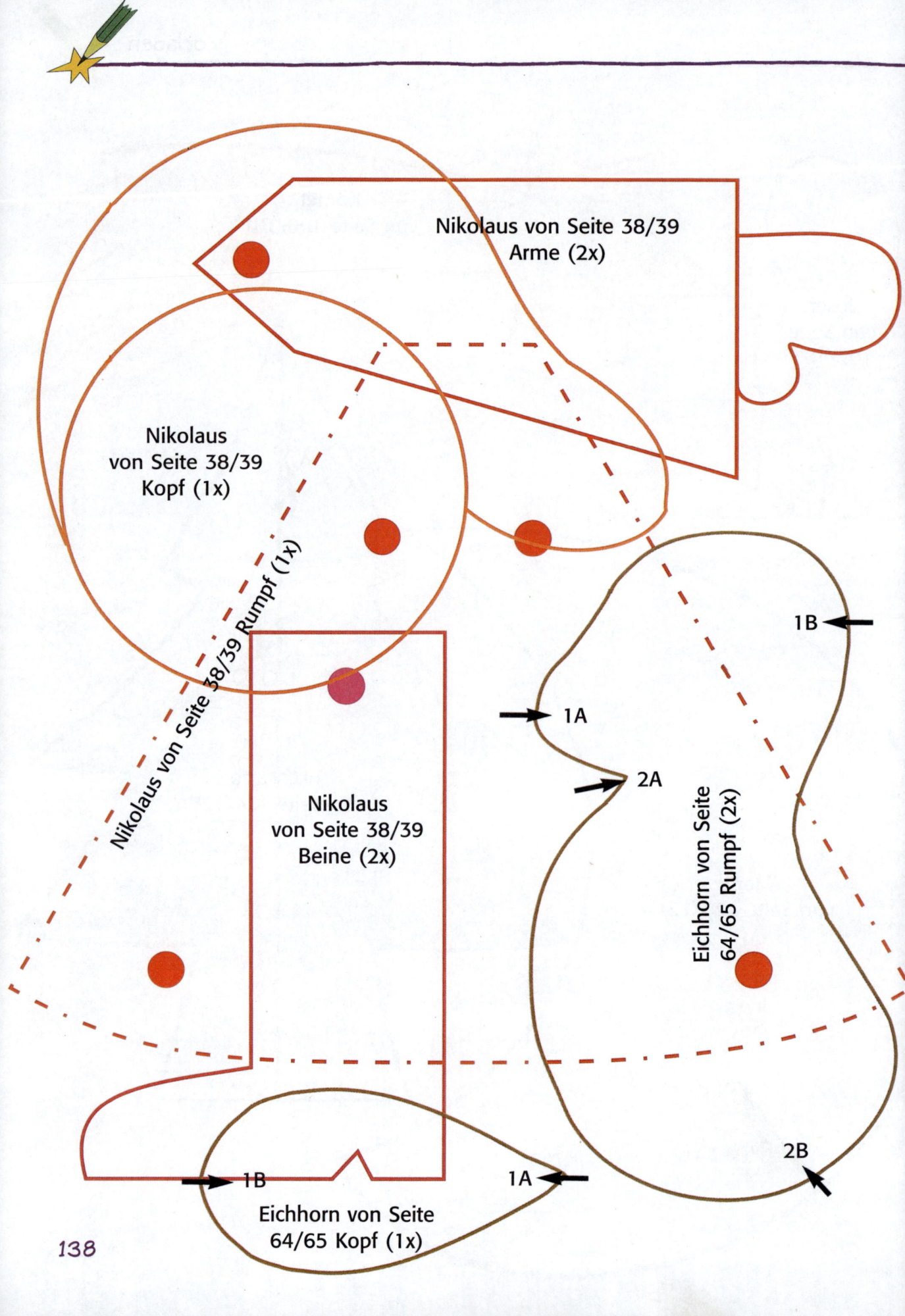

Nikolaus von Seite 38/39
Arme (2x)

Nikolaus
von Seite 38/39
Kopf (1x)

Nikolaus von Seite 38/39 Rumpf (1x)

Nikolaus
von Seite 38/39
Beine (2x)

1B

1A

2A

Eichhorn von Seite
64/65 Rumpf (2x)

2B

1B

1A

Eichhorn von Seite
64/65 Kopf (1x)

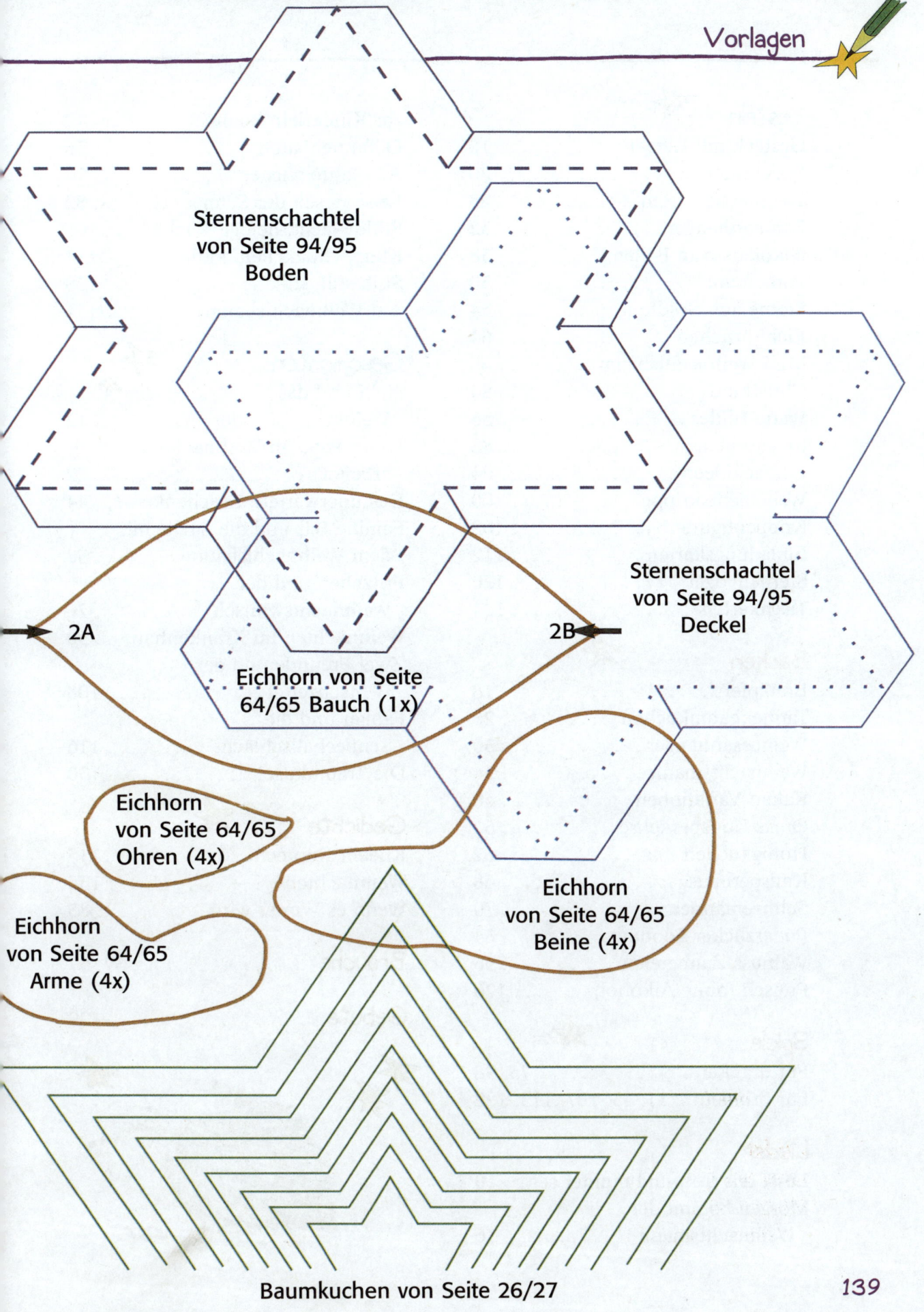

Sternenschachtel
von Seite 94/95
Boden

Sternenschachtel
von Seite 94/95
Deckel

2A

2B

Eichhorn von Seite
64/65 Bauch (1x)

Eichhorn
von Seite 64/65
Ohren (4x)

Eichhorn
von Seite 64/65
Beine (4x)

Eichhorn
von Seite 64/65
Arme (4x)

Baumkuchen von Seite 26/27

Die Ratschläge in diesem Buch sind von der Autorin und vom Verlag sorgfältig erwogen und geprüft, dennoch kann eine Garantie nicht übernommen werden. Eine Haftung der Autorin bzw. des Verlags und seiner Beauftragten für Personen-, Sach- und Vermögensschäden ist ausgeschlossen.